Espiritualidad
para una vida más
Fácil, Simple
y Abundante

Espiritualidad
para una vida más
Fácil, Simple y Abundante

JULIO BEVIONE

A mis padres, Mita y Julio
por su amor sin condiciones

PRIMERAS PALABRAS

Estoy escribiendo este libro en Nueva York, en la esquina de mi casa. Es verano y la ciudad, en este tiempo del año, se deja conquistar por el verde que aparece en las calles, las ventanas y en los innumerables parques que en invierno se desfiguran, pero que a esta altura del año invitan a que uno se siente a descansar unos minutos. Y a seguir.

Me mudé a Manhattan en el invierno del 2010. Ese fue uno de los inviernos más crudos de los últimos años, porque el frío no dio tregua y la nieve fue una constante por varias semanas. Recuerdo que al llegar al edificio donde viviría, apenas pude entrar por una huella que habían dejado los otros inquilinos con su paso. Todo lo demás era nieve. Y debajo de la nieve, asomaban partes de lo que allí estaba escondido. Se sabía que las montañas de nieve más grandes correspondían a automóviles y que lo que parecía ser un fantasma congelado quizás era una bicicleta. Blanco, todo blanco. Frio, muy frio.

En Marzo comenzó a menguar el frío y en la entrada del edificio, donde antes sólo había hielo, comenzó a asomar una punta verde. La primavera aún no había llegado, pero se anunciaba con ese brote diminuto, que a los pocos días se hizo enredadera y terminó por cubrir la puerta de entrada y los balcones del primer piso. Más adelante, en Junio, cuando el verano ya estaba en su apogeo, las paredes estaban cubiertas de verde y sólo quedaban algunos comentarios del cruel invierno que pasó.

La naturaleza me enseñó una de las lecciones que más atesoro de la llegada a esta ciudad. A veces, estamos en nuestro invierno donde perdemos todo, nos sentimos desolados y si juzgamos nuestra vida por ese momento, no podremos menos que sentirnos desamparados. Pero sin hacer nada más que permitirnos seguir andando, la vida misma, por su naturaleza que hace del cambio algo inevitable, va mostrándonos otros paisajes. La aridez comienza a quedar atrás, renacemos y en poco tiempo, si lo permitimos, volveremos a trepar paredes. De la lección que aprendí, lo más importante quizás no sea que nada es para siempre sino que la vida misma es un cambio constante, porque el invierno regresa y luego el verano otra vez. Esta fue una gran lección, pero lo que me quedó claro desde esos días es que aunque perdamos todo lo externo y nos sintamos, literalmente, desaparecer, hay algo en nosotros que nunca muere. Mi sorpresa en la primavera fue cuando, conversando con el jardinero, le agradecí que hubiera vuelto a plantar la enredadera. Pero me dijo que no lo había hecho, ni siquiera la había regado, porque la lluvia se le había adelantado. "La enredadera nunca muere, sólo espera el momento para reverdecer, ésa es su naturaleza".

Nuestra naturaleza es la misma. Todo lo creado en este universo tiene un diseño perfecto. Nuestra tarea es darnos cuenta de quiénes somos y comenzar a vivir desde esa nueva consciencia, más amplia que la de creer que tanto el invierno o el verano pueden ser estaciones eternas. Lo único eterno es el cambio.

Cuando pienso en este proceso de la vida, veo con claridad cómo, sin esfuerzo, la enredadera ofreció todo en verano, se fue quitando de encima sus pertenecias en otoño para no perder su esencia, supo pasar su invierno y en primavera, regresó con mas fuerzas.

Así puede ser nuestra vida, si lo permitimos. Puede ser más fácil, de procesos simples y con experiencias de abundancia constantes. La abundancia de la que hablo no está determinada por lo mucho que tenemos, porque inevitablemente, en algún momento eso se irá para dejar paso a algo nuevo o para dejar un vacío transitorio, para mostrarnos algo. La abundancia a la que me refiero la iremos descubriendo en estas páginas. Es la sensación de seguridad y certeza interior que nace de la convicción que todo está bien tal como está, que tenemos el poder y la libertad de transformar aquello de nosotros que nos impide sentirnos bien, que todo ocurre con un propósito y que hay una fuerza mayor que sabe lo que está pasando, aun cuando nosotros no entendamos nada y aparentemente lo perdamos todo. Hay una parte de nosotros que sabe estas verdades. Y esa es el alma.

Este libro está escrito para ayudar a reconectarnos con el alma. Porque sólo así puede ser más fácil, simple y abundante.

1 Todos queremos sentirnos seguros, valiosos y, en definitiva, amados. Queremos que nuestros padres nos miren cuando comenzamos a caminar. Luego, esperamos que nuestros maestros nos premien, que las parejas nos validen, que los jefes nos aprueben y que para los amigos seamos especiales. Sentirnos valiosos nos hace sentir seguros. Y así, podemos sentirnos amados.

Pero esta forma de buscar amor es la que nos ha creado dolor. Y por eso creemos que el amor duele. Porque continuamos buscando el amor en algún otro lugar u otra persona, fuera de nosotros.

Esta fórmula del amor, que ha sido parte de la experiencia humana por milenios, ya está perdiendo vigencia. Por mucho que lo busquemos y lo alcancemos, el amor externo sólo nos creará una experiencia ilusoria del amor verdadero. Es decir, creeremos que estamos experimentando el amor, cuando en realidad estaremos apenas consiguiendo sentirnos seguros o valiosos. Cubrimos nuestra necesidad humana de sentirnos apreciados, pero amor, el amor cercano a la verdad divina, el que nos dará plenitud, no lo experimentaremos de esa manera. De hecho, siento que los desafíos más graves de este planeta, como el hambre, la pobreza, el abuso de poder y las injusticias, no tendrán una resolución hasta que como humanidad lleguemos a entender más profundamente quiénes somos. Si el dinero, las políticas, las organizaciones o la buena voluntad de millones de seres humanos no han logrado generar el cambio, es porque seguramente hay un factor que aún no hemos previsto. Este es ocuparnos de nuestra evolución espiritual. Y ésta comienza porque cada uno se ame, se respete y se valore.

Ése es el lugar que el llamado camino espiritual ocupa en estos nuevos tiempos. Ya no solo buscamos afuera, sino que hemos masivamente comenzado a buscar dentro de nosotros. Estamos volviendo al origen. Un origen que no es humano, sino divino. Que tiene que ver con el alma, no con el ego. Que le da sentido a nuestra vida desde una profundidad que nada del mundo que nos rodea puede darnos. Que desde hace centenares de años, para experimentarlo, muchos han dejado las cosas mundanas para exiliarse en cuartos oscuros, montañas desoladas o conventos. Pero tampoco eso es necesario. Hoy, desde donde estamos, con las personas que nos rodean, en el lugar donde vivimos, haciendo lo que hacemos y siendo quienes somos, podemos hacerlo. De hecho, ese es el desafío de estos tiempos. Vivir una vida espiritual con los pies en la tierra.

La fórmula, por muy complicada que pueda resultarnos, es sencilla. Primero lo de adentro, segundo lo de afuera. El solo hecho de preguntarnos ¿cómo me siento con lo que está pasando?, ¿qué puedo hacer personalmente con esto que está sucediendo?, ¿cómo puedo servir a esta persona o en esta situación?, ¿en qué resuena conmigo esto que está ocurriendo?, nos abre un nuevo camino. Preguntas como éstas nos llevan la atención a nosotros mismos y dejan de entretener nuestra responsabilidad buscando poner la atención afuera.

Esta fórmula del amor, que ha sido parte de la experiencia humana por milenios, ya está perdiendo vigencia. Por mucho que lo busquemos y lo alcancemos, el amor externo sólo nos creará una experiencia ilusoria del amor verdadero. La fórmula es sencilla. Primero lo de adentro, segundo lo de afuera.

La fórmula es sencilla. **Primero lo de adentro, segundo lo de afuera.** Debemos hacernos preguntas que nos llevan la atención a nosotros y dejan de entretener nuestra responsabilidad buscando poner la atención afuera.

¿Cómo me siento con lo que está pasando?, ¿Qué puedo hacer personalmente con esto que está sucediendo?, ¿Cómo puedo servir a esta persona o esta situación?, ¿En que resuena conmigo esto está ocurriendo?

2 Para vivir más conectados con el alma no necesitamos nada nuevo, ningún método especial, llegar a ningún lugar sagrado, no más creencias ni filosofías. Lo que realmente necesitamos es saber más de nosotros mismos. Tratar de encontrar en la calle las llaves que perdimos en la cocina de nuestra casa es simplemente imposible. Y el camino espiritual es un camino que le hemos llamado interior justamente porque es hacia uno mismo. Pienso que no podremos conocer realmente la esencia divina hasta no encontrar un atisbo de ella en nosotros. Si la vemos en otro, seguramente seguiremos tras él, asumiendo que está allí. La humanidad ha ido varias veces por ese camino. No sólo en la búsqueda espiritual, sino prácticamente en todo. Admiramos la voluntad de los demás sin buscar la nuestra, la prosperidad de los otros, el éxito del otro, lo malo del otro, lo bueno del otro. De los de aquí y de los de más allá. Los hemos estudiado, tenemos teorías e historias sobre ellos. Pero necesitamos volcar esa misma atención, de una vez por todas, hacia nosotros mismos.

A ese regreso a mí mismo, a observarme, a aprender de mí, le llamo "darse cuenta". Es como si un buen día me dedico a mirarme a mí. Y me convierto en el tema de mi investigación. Observo cómo es que decido lo que decido, en qué momento es que la ira aparece y cuándo se apodera de mis emociones. Descubro talentos que siempre supe que estaban pero nunca había reconocido. Descubro que soy más sincero y generoso de lo que pensaba y que tengo un costado débil que muestro cada vez que necesito llamar la atención. Me doy cuenta que repito y repito la misma manera de relacionarme con las personas que amo y que no es, justamente, la más amorosa. Me doy cuenta de lo poderoso que soy y del miedo que tengo de mostrarlo por lo que los demás puedan decir de mí. Y mientras me observo, voy encontrando los porqués que antes se quedaron sin respuestas. De todo esto me doy cuenta cuando comienzo a observarme.

La observación, dirigida a mí, es el primer paso para iniciar una búsqueda real, donde pueda encontrar algo que valga la pena. ¿De qué me sirve conocer las historias del mundo, de mi familia o de mi pareja, si no conozco profundamente la mía? Es más, puede que de mí sólo sepa lo que los demás me han contado. Pero mi historia real, la que he vivido y que quizás, por miedo a sufrir, no me he sentado a escuchar, sigue guardada esperando ser atendida.

Entonces, comenzaré a observarme.

No podré hacerlo todo el tiempo. Si lo intento, me encontraré con insatisfacción inmediata. No solamente porque observarnos es algo nuevo para muchos de nosotros, no es esa la razón por la que nos costará al principio, sino porque tendremos que lidiar con la mente que quiere seguir mirando solamente afuera. Está tan entretenida en lo que le pasa a los demás, afuera, que tendremos que crear el hábito de voltearla hacia el interior. Un nuevo hábito.

Hagamos de esto una rutina corta y sencilla. Detengámonos un minuto por hora a observarnos. Observemos como estamos respirando, lo que sentimos, los pensamientos que cruzan la mente en ese momento, lo que nos quedó de la última hora como un recuerdo o las expectativas de lo que vendrá. No cambiemos nada, solo observemos. Sin juicio, sin estrategia, sin agenda. Detengámonos un momento cada hora a observarnos. Eso es todo, por ahora.

Comencemos a observarnos, hagamos un hábito de ello. Sin juicio, sin estrategia, sin agenda. Detengámonos un momento cada hora a observar cómo nos sentimos y dónde están nuestros pensamientos.

La observación, dirigida a mí, es el primer paso para iniciar una búsqueda real, donde pueda encontrar algo que valga la pena.
Comencemos a observarnos, hagamos un hábito de ello.
Sin juicio, sin estrategia, sin agenda. Detengámonos un momento cada hora a observar cómo nos sentimos y donde están nuestros pensamientos.

¿De qué me sirve conocer las historias del mundo, de mi familia o de mi pareja, si no conozco profundamente la mía?

3 Cuando nos observemos, dejemos de lado nuestra mente crítica, racional, que todo lo sabe. Si lo supiera, no estaríamos envueltos en lo que no nos gusta. Necesitamos un poco de inocencia y vulnerabilidad para tener una mirada amorosa sobre nosotros mismos. Sino, caeremos en el juicio.

Que fácil nos resulta mirar a un niño enojado, frustrado y no envolvernos en su frustración. En ese momento podemos ser más compasivos con ellos porque estamos viendo un poco más allá. Entendemos su juego. Comprendemos que se siente de esa manera porque las cosas no salieron como esperaba. Pero no tomamos tan en serio su actitud, sabemos que pasará. Podemos entenderlos y abrazarlos sin envolvernos en sus historias. Justamente ésa es la visión observadora que debemos desarrollar con nosotros mismos.

Cuando me siento frustrado, me detengo y me observo. He conocido la personalidad de Julio ante la frustración cuando comencé a observarme y ver que actuaba mi personalidad. Antes, sólo veía las reacciones. Ahora viajo un poquito más atrás de la escena para aprender cuando es que la frustración apareció y por qué o por quién. No analizo para tomar partido y determinar que esto es lo mejor ni lo malo de lo que está sucediendo ni de mi actitud. Me observo. Y desde el lugar del observador, todo es como es. Y es útil así. Lo que hago es investigarme sin apasionamientos.

Una vez que lo he incorporado como hábito, recurramos a ese estado de observación en algunos momentos del día cuando sintamos que hemos perdido la paz.

La relación de la comida y el sobrepeso ha sido un tema recurrente en mi vida. Traté por años de cambiarlo desde afuera con dietas y ejercicios que no tuvieron efecto hasta que no me "di cuenta" lo que pasaba dentro de mí. Comencé a observarme. Me observaba cuando me sentaba frente al plato de comida, frente al refrigerador y masticando la comida. Observaba mi apuro, mi descontrol, mi control, mi ansiedad, mi saciedad. Y observaba mis emociones, lo que sentía en ese momento. Si me angustiaba algo, de alguien o de mí. Me observaba, revisando atentamente, sin tomar partido, hasta que comencé a ver la historia completa. Y una vez que vi la historia, el sentido común comenzó a obrar.

Pude ver que cuando no podía manejar mis emociones, la comida parecía calmarme. Pero que detrás de ella venia la desesperación por no poder lidiar con la culpa y esto me llevaba a buscar... ¡más comida! De allí, al espejo a confirmar ¡que había subido muchísimo! Luego a planificar la próxima dieta y observar que mientras la planificaba una parte de mí ya sabía en qué momento la abandonaría. Sí ¡una locura! Locura que no tenia salida hasta que pude ver la historia. Y una vez que vemos la historia, nos es más fácil discernir con sentido común lo que debemos hacer y dejar de hacer. Ahora con la conciencia clara de lo que realmente está pasando.

¿Cómo podemos usar el sentido común para salirnos de la historia? Escribámosla para verla tal como es. Y luego, leámosla, escuchémonos hasta que las emociones dejen de causar interferencia. Unas pocas veces es suficiente. Por lo general, tres veces alcanza. Luego, escribamos las sugerencias que le daríamos a una persona que está viviendo esa situación. Aquello que sintamos posible, que sea una salida real a la situación. Eso mismo es lo que nosotros podemos hacer. Me observo, me escucho y el sentido común obra a mi favor.

Cuando perdamos la paz, observémonos. Escuchemos la historia que nos contamos y dejemos que el sentido común obre a nuestro favor.

Una vez que vemos la historia, nos es más fácil discernir con sentido común lo que debemos hacer y dejar de hacer. Ahora tenemos una conciencia clara de lo que realmente está pasando.
Cuando perdamos la paz, observémonos. Escuchemos la historia que nos contamos y dejemos que el sentido común obre a nuestro favor.
¿Cómo podemos usar el sentido común para salirnos de la historia?

4 Estamos repletos de historias. Algunas versiones de historias vividas, otras inventadas, otras que ni siquiera sabemos muy bien cómo ocurrieron pero que por pura especulación le escribimos un capitulo para poder, de alguna manera, ser protagonistas. Esas historias son las que nos complican la vida.

Al observarnos, podremos comenzar a escucharnos. Y escucharemos las historias. Cuando decidimos ir a algún lugar, automáticamente se dispara la historia de cómo ocurrirá todo. Si estamos frente a una persona, se activa la historia de esa persona, a veces sin que sepamos quién es realmente. En segundos lo tenemos resuelto. Evaluamos, comparamos, juzgamos y condenamos a velocidad de la luz. Y en base a esa historia es que construimos nuestra historia con el mundo. ¿Se han imaginado un planeta donde nadie vea lo que es, todos inventen su propia versión y traten de comunicarse y llevarse bien? Ese es el nuestro. Y debo decir que demasiado bien vamos para la locura que representa este juego de especulaciones.

Pero hay una sola historia que nos interesa si queremos jugar al juego más fácil. Es la nuestra.

Por eso, cuando nos observemos, hagamos silencio y empecemos a escuchar las historias que nos contamos. Lo que nos contamos de las personas que nos rodean y las que ni siquiera conocemos. Por ejemplo, nos contamos historias de musulmanes quizás sin conocer alguno de ellos. O quizás sólo conocimos uno, pero uno no hace la historia de todos. Así nos pasa con las personas más cercanas también. Una actitud negativa de alguien, lo convierte en una persona negativa. Y nos contamos esa historia para siempre. O con nosotros mismos. Si alguna vez hemos errado, nos contamos la historia del fracasado. Y nos quedamos en esa historia.

Observarnos. Escuchar nuestra historia. Reconocer que es sólo una historia. Y que las historias, son sólo historias. Porque cuando las creemos, las creamos. Y allí es más largo el camino para desandar. Comencemos escuchando nuestras historias. En silencio, escuchándonos.

Escuchemos nuestras historias. Si las creemos, las creamos. Pero si las escuchamos en silencio, sabremos que son sólo eso. Una historia. Y nos libraremos de ellas.

Hay una sola historia que nos interesa si queremos jugar al juego más fácil. Es la nuestra. Por eso, cuando nos observemos, **hagamos silencio y empecemos a escuchar las historias que nos contamos.**
Escuchar nuestra historia. Reconocer que es solo una historia. Y que las historias, no son solo historias. Porque cuando las creemos, las creamos. Y allí es más largo el camino para desandar. Comencemos escuchando nuestras historias. En silencio, escuchándonos.

¿Se han imaginado un planeta donde nadie vea lo que es, todos inventen su propia versión y traten de comunicarse y llevarse bien?

5 En los Spiritual Boot Camp, los retiros de uno o varios días que hacemos en diferentes puntos de Latinoamérica, uno de los momentos reveladores es cuando le pregunto a cada participante: ¿Qué sería de ti sin esa historia?

Sus historias son las que han venido compartiendo con el grupo hasta ese momento, donde se sostienen las razones para sentirse como se sienten y que les vaya como les va. Y si bien eso ya pasó, el peso de esa historia sigue presente, por lo que las consecuencias las siguen viviendo. Aún cuando esa historia haya ocurrido en la niñez.

Cada uno va tomando conciencia de cuánta energía le dedican, en el día a día, a sostener esa historia, hablando de ella, disculpándose por ella, tratando de esconderla, de superarla, intentando cambiarla, perdonándola y especulando sobre lo que pasó. Les pido que cada uno haga una lista de los pensamientos y emociones ligados a la historia, porque allí la sostienen. Pero, después de escucharlos, les pido que se imaginen, sólo por un instante, que sería de ellos sin esa historia. Que fantaseen con esa posibilidad. ¿Qué estarías haciendo en este momento si tu madre no hubiera hecho eso?, ¿qué pensarías de ti mismo si no te hubieran abusado en tu niñez?, ¿qué estarías haciendo si no hubieras nacido en esas condiciones económicas?

La primera vez que lo planteé, la sorpresa fue que lejos de escuchar una respuesta, hubo un silencio profundo y miradas un tanto perdidas. Se habían acabado las especulaciones, la conversación, el juego emocional que se va despertando cuando las contamos o cuando escuchamos las ajenas.

Cuando nos piden que pensemos en nosotros mismos fuera de esa historia, es algo tan nuevo que todavía no tiene contenido. La mayoría aún estamos en lo que pasó y construimos el presente con esa base antigua. Pero no imaginamos una nueva posibilidad porque no hemos dejado espacio para pensarla. Estamos demasiado ocupados en la historia.

Desde entonces, cada vez que dejo de hacer algo que es positivo para mí, que se siente bien, por alguna historia que lo justifica, me detengo y me pregunto ¿Qué estaría haciendo sin esa historia? Y aparece un mundo de posibilidades que están cubiertas por el peso de lo que ya pasó.

*El peso de nuestras historias no deja ver nuevas posibi-
lidades en el presente. Nos condena a repetir. Pero ¿qué
seríamos sin esa historia? Allí es donde comenzamos a ver
las nuevas posibilidades.*

¿Qué sería de mí sin esa historia?
Tomemos conciencia cuanta energía le dedicamos, en el día a día, a
sostener esa historia, hablando de ella, disculpándonos por ella, tratando de esconderla, de superarla, intentando cambiarla, perdonándola y especulando sobre lo que pasó.
El peso de nuestras historias no deja ver nuevas posibilidades en el
presente. Nos condena a repetir. Pero *¿qué seríamos sin esa historia?*
Allí es donde comenzamos a ver las nuevas posibilidades.

*Preguntémonos ¿Qué estaría haciendo en este momento si mi ma-
dre no hubiera hecho eso?, ¿Qué pensaría de mí mismo si no hubieran abusado?, ¿Que estaría haciendo si no hubiera nacido en esas
condiciones económicas en las que nací?*

6 La personalidad es aquello que hemos ido construyendo
desde el mismo momento en que salimos del vientre materno. Y quizás un poco antes, si consideramos el impacto
que podemos tener en esta vida de otras anteriores. Pero
trato de no mirar demasiado hacia atrás, excepto cuando en el presente no logro entender algunos ¿por qué?
Lo cierto es que buena parte de nuestra personalidad se
ha ido formando con nuestras penas y alegrías, con las
percepciones que hemos tenido de lo vivido, no de lo que
nos pasó, sino de lo que cada uno experimentó en esas
situaciones. De lo que hemos pensado y hemos sentido
hasta este momento. Yo soy Julio Bevione en mi versión
pequeña. Es la versión que yo mismo he creado, la que los
que me rodean han creído y creen que soy, pero no nece-

sariamente la que el universo diseñó.

La parte de nosotros que quiere tener la razón a cualquier precio, que se enfurece, que se critica y juzga a los demás, que vive con miedo, es nuestra personalidad. Y a ella la llamamos ego. El ego es aquello que creemos ser, no lo que somos. Es nuestra apariencia que pensamos que es esencia. En mi caso, se llama Julio Bevione y es la que más pueden ver los demás de mi y, la que yo mismo percibo de quien soy.

Lo cierto es que esa parte de nosotros es necesaria para movernos en el mundo. Mientras estemos en este planeta, la personalidad es tan necesaria como el agua necesita la tierra para ser mar. El agua, sin la contención de la tierra, nunca llegaría a ser mar.

La personalidad, entonces, nos contiene. Es la vasija donde se deposita nuestra alma para experimentarse en esta versión humana. Y nuestro trabajo es ir abriendo espacio para que el alma pueda ser contenida. Hacer que nuestra personalidad se ponga al servicio del alma es el gran desafío como seres humanos.

Nuestra personalidad es la vasija que contiene el alma. Ambas son importantes para nuestro desempeño en la Tierra. Pero la vasija debe estar al servicio del contenido y no al revés.

La personalidad es aquello que hemos ido construyendo desde el mismo momento en que salimos del vientre materno. Y hacer que **nuestra personalidad se ponga al servicio del alma** es el gran desafío como seres humanos.

Nuestra personalidad es la vasija que contiene el alma. Ambas son importantes para nuestro desempeño en la tierra. Pero la vasija debe estar al servicio del contenido y no al revés.

¿Mi personalidad está en función del propósito de mi alma? ¿Estoy en paz con quién soy?

7 Alinear la personalidad con el alma es encontrar un propósito de vida. No tiene que ver con lo que hacemos, sino con lo que somos. Ser cada vez menos Julio, salirme de lo que creo que está bien y mal, no detenerme ante mis limitaciones ni mis miedos, sino abrirme a nuevas experiencias, encontrar un punto de interés en aquello a lo que me opongo, ser más compasivo y comprensivo en lugar de recurrir a los juicios y los rótulos, va abriendo la vasija y mi alma va ocupando más espacio. Pero, sobre todo, el no perder la responsabilidad de lo que estoy viviendo, me ayuda a mantener la personalidad alineada con mi alma, porque dejo de mirar tanto hacia afuera y me conecto más conmigo. No significa que sea responsable de todo lo que sucede, eso nos victimizaría, cerrándonos aún más. El punto es hacernos responsables de la parte que nos toca en nuestra relación, además del otro; en las finanzas, además de mi familia o el país donde vivo; de mi salud, además de la genética heredada; de mi destino, a pesar de lo que los demás esperan de mi.

Hacerme responsable de lo que sucede en el espacio que ocupo en este mundo y, a la vez, ir rompiendo las limitaciones que, en forma de miedo, me alejan de los demás, son dos pasos esenciales para dejar espacio en nuestra personalidad y para que el alma comience a ocupar el suyo.

Tomar responsabilidad por el espacio que ocupo en el mundo y salirme de las limitaciones que mis miedos me muestran como ciertas, son dos maneras para que la personalidad deje espacio para que el alma ocupe el suyo.

Tomar responsabilidad por el espacio que ocupo en el mundo y salirme de las limitaciones que mis miedos me muestran como ciertas, son dos maneras de que la personalidad deje espacio para que el alma ocupe el suyo.

¿Creo en mis limitaciones como reales? ¿Me hago cargo de mi destino o depende de alguien más?

8 Las emociones cumplen un rol primordial en el contacto con el alma. Ésta, más que manifestarse en lo que pensamos, se expresa a través de las emociones. Y, más precisamente, de los sentimientos. Hay sensaciones que sólo el alma nos da, muchas de ellas indescriptibles, que cuando nos referimos a ellas decimos "esa sensación" o "eso que sentí en mi pecho". Toman diversas maneras, pero con una característica en común: cada vez que las experimentamos, podemos sentir que hay paz en nuestro corazón.
La paz es la condición del alma. Cuando sentimos paz en nuestro corazón, es que estamos abriendo una grieta en la personalidad para que el alma se cuele. Le estamos haciendo espacio y el alma, como el agua, comienza a fluir y a cubrirlo todo, hasta los espacios más pequeños.

Esto, todos lo hemos experimentado. Si estamos enojados y tratamos de tomar una decisión desde ese enojo, lo que saldrá será una actitud que nos alejará de los otros y de nosotros mismos, de nuestro centro. Si hay confusión y queremos aclararnos a la fuerza, todo esfuerzo racional no alcanzará para entender eso que nos perturba. Pero si cuando estamos enojados nos llamamos a un momento de paz o cuando estamos confundidos buscamos ese instante de quietud, lo que saldrá será amoroso y claro. ¿No nos ha sucedido que si nos tomamos unos minutos para serenarnos, lo que resultó fue mucho más armónico que lo que pudimos haber hecho antes? ¿O que después de respirar profundo pudimos dar una respuesta certera aún cuando el miedo amenazaba?

Esa es la experiencia del alma. Misteriosa para el razonamiento, pero sabia. Porque el alma realmente puede ver lo que nuestros ojos no son capaces. Siempre paciente y compasiva. Porque desde su visión, todo es más claro.

Esa visión es accesible siempre que la necesitemos. Solo debemos llamarnos a unos minutos de paz y permitir que la energía misma obre. Sin agendas, con humildad y entregados a ese momento.

Así, poco a poco, el alma ocupará un espacio suficiente para que cada decisión, cada palabra y cada acción sean inspiradas desde su visión. Eso ocurrirá cuando no busquemos la paz al haberla perdido, sino que elijamos estar en paz ante cada circunstancia. Cuando hagamos de la paz una opción innegociable.

Cuando la paz sea nuestro camino, el alma será nuestra guía. Y con esa guía, ¿quién necesita sentirse seguro, importante o valioso? Allí es cuando dejamos de depender del mundo para comenzar a disfrutarlo.

El alma se muestra a través de las emociones y sentimientos. La paz es una experiencia que nace del alma. Cuando decidimos buscarla lo que sigue es sabiduría. Y si la paz se convierte en una opción innegociable, el alma será nuestra guía constante.

Las emociones cumplen un rol primordial en el contacto con el alma.
El alma se muestra a través de las emociones y sentimientos.
La paz es una experiencia que nace del alma. Por lo tanto, cuando la paz sea nuestro camino, el alma será nuestra guía.

¿Me siento en paz antes de tomar una decisión, hacer o decir algo?

9 Las emociones nos ayudan a ponernos en contacto con nosotros mismos porque lo que sentimos no está determinado por lo que está pasando a nuestro alrededor, sino por lo que está pasando con nosotros en esas circunstancias.

Nuestro cuerpo es energía. Energía siempre en movimiento. Si hay vida, hay energía moviéndose. Y la calidad de esa energía, por lo densa o lo sutil que pueda ser, es lo que determina nuestra emocionalidad. Si hay miedo, hay densidad y en correspondencia, puede haber enojo. Ante determinada situación el enojo se disparará, pero quedará dormido esperando activarse nuevamente. Ese enojo no viene de afuera. Ese enojo está en mí y es la consecuencia de un pensamiento denso, de miedo, que está corriendo por mi cuerpo físico. El mismo que quizás se ha hecho sentir con contracturas en mis músculos y dolor en los órganos, hasta sentirse emocionalmente de la misma manera. Así es como las emociones siempre nos dan señales precisas para saber dónde estamos y cómo vamos avanzando.

Las emociones, entonces, se transforman en herramientas amigas para nuestra evolución. Por eso, dejemos que ocurran. Dejemos que aparezca el enojo, pero no para actuarlo y hacerlo crecer, sino para escucharlo. Al aparecer la emoción, tomemos un momento para preguntarnos ¿qué me está pasando?, ¿qué desearía que fuera diferente?, ¿puedo aceptar las cosas como son?.

Escuchar las historias que aparecen detrás de cada emoción densa, es alivianar nuestra personalidad. Porque la emoción nos está haciendo saber que hay energía contenida que ya no tenemos capacidad de seguir sosteniendo. Que nuestro cuerpo físico, incluso, ya no puede más. Y lo que sostenemos no es lo que pasó, sino los pensamientos que tenemos acerca de eso que pasó. Generalmente, es el deseo de que haya sido diferente.

Si no la contactamos, esa energía buscará hacernos saber que está allí. Y, muchas veces, se nos presentará en forma de enfermedad para obligarnos a parar, detenernos y observarnos.

Darnos cuenta y volver a decidir. Soltar esa historia.

Las emociones nos revelan qué energía estamos soste-niendo. Si es densa, hay miedo. Si hay bienestar, la ener-gía es más sutil. Si nos permitimos escuchar las emocio-nes podremos saber con claridad dónde está la energía y decidir si la seguimos sosteniendo o la soltamos.

Las emociones nos revelan que energía estamos sosteniendo. Si es densa, hay miedo. Si hay bienestar, la energía es más sutil. Si nos permitimos escuchar las emociones podremos saber con claridad donde está la energía y decidir si la seguimos sosteniendo o la soltamos.

Al aparecer la emoción, tomemos un momento para preguntarnos ¿Que me está pasando?, ¿Qué desearía que fuera diferente?, ¿Puedo aceptar las cosas como son?

10 Hay dos energías que nos mueven. Una es la del miedo y la otra, del amor. Estamos en una o en otra. Con cada decisión que tomamos estamos acercándonos a una de las dos.

La energía del amor llega del alma y se siente en forma de paz interior. Se confirma en esa profunda sensación de bienestar que ocurre a la altura del pecho. Si es miedo, se siente todo lo opuesto. Nos sentimos ahogados, enoja-dos, tristes. Nos cerramos y nos preocupamos. Si no lo hacemos consciente, aparece la violencia y las ideas de manipulación o control. Se siente definitivamente mal. Y esa sensación puede ser más obvia a la altura del estó-mago. Sentimos que algo nos aprieta, nos comprime, nos asfixia. Esa es la energía del miedo sostenida en nuestro cuerpo.

Por lo tanto, es sencillo reconocer qué energía estamos usando en cada momento. Si la experiencia física es de bienestar, de apertura y de paz, el alma está a cargo y eso que vamos a hacer o decir está alineado con un propósito mayor, el que el alma reconoce. Si lo que sentimos es malestar, lo que generaremos viene desde lo más oscuro de nuestra personalidad y el resultado será no menos que caótico. No podemos confiar el gobierno de un país a alguien que no conoce sus reglas. Tampoco podemos darle al ego el control de nuestra vida. Porque si la vida fue diseñada por una fuerza superior, ¿qué puede saber el ego qué es lo mejor para mí?

Ante una decisión, antes de expresarnos o tomar acción, observemos cómo nos sentimos. Si la respuesta en paz, confiemos y entreguémonos. Si lo que sentimos es malestar, detengámonos y volvamos a elegir.

Hay dos energías que nos mueven. Una es la del miedo y otra del amor. Ante una decisión, antes de expresarnos o tomar acción, observemos cómo nos sentimos. Si la respuesta en paz, confiemos y entréguennos. Si lo que sentimos es malestar, detengámonos y volvamos a elegir.

¿Qué puede saber el ego sobre lo qué es lo mejor para mí? ¡Si vive atemorizado!

11 La energía del amor es luminosa. Y esta descripción no es poética ni mística, sino física. La vibración de la energía del amor es tan elevada en su frecuencia que si nuestros ojos pudieran percibirla, lo que a veces ocurre, se percibiría en forma de luz.

Es cada día más común entre los niños comentar sobre la luz que ven en el contorno de una persona o que nosotros podamos ver "un brillo especial" en algunas personas. También las hemos imaginado en las personas que llamamos santas. Quizás no son necesariamente iluminadas, pero en ellas prevalece, al menos en ese momento, la energía del amor.

El miedo, por su lado, es oscuro. Es lógico que hayamos relacionado el miedo con los espacios oscuros o las películas de miedo, con las tinieblas. El miedo, por vibración, es tan denso, que la energía que lo sostiene es opaca. Así como solemos describir a personas que viven en el miedo: oscuros, densos, tenebrosos. Sus personalidades están inmersas en esa energía.

El amor es luz, el miedo oscuridad.

Y cuando no hay luz, no podemos ver. Cuando no vemos, nos inventamos lo que está ocurriendo, especulamos y nos preparamos para encontrarnos con lo peor. Y si llegamos a ver algo, lo vemos de una forma extraña que lo llamamos fantasma.

Eso es lo que nos sucede cuando sostenemos la energía del miedo. No vemos lo que realmente está sucediendo, nos inventamos una historia, quizás la peor de ellas, y comenzamos a ver fantasmas.

Así de simple. Cuando no hay amor, hay miedo. Cuando hay miedo, hay oscuridad. Y en la oscuridad nos inventamos una historia. Y en esa historia comenzamos a ver fantasmas. Pero los fantasmas, fantasmas son.

Hay quienes deciden enfrentarse a los fantasmas y pelean con ellos por años. Hay otros que van acomodando su visión para vivir en la oscuridad, que se quedan en las tinieblas mirando la vida desde la especulación y el miedo. Pero hay otros que deciden hacer lo que más temen y lo único que les ayudará a ver la salida: ¡encender la luz!

Cuando no hay amor, hay miedo. Cuando hay miedo, hay oscuridad. Y en la oscuridad nos inventamos una historia. En esa historia, comenzamos a ver fantasmas. Y los fantasmas, fantasmas son.

La energía del amor es luminosa. El amor es luz, el miedo oscuridad. Cuando no hay amor, hay miedo. Cuando hay miedo, hay oscuridad. Y en la oscuridad nos inventamos una historia. En esa historia, comenzamos a ver fantasmas. Y los fantasmas, fantasmas son.

¿Estoy completamente seguro que lo que pienso es verdad o hay algo de especulación e ilusión en esa historia?

12 Comprender que el miedo es oscuridad y que desde la oscuridad sólo vemos fantasmas, y que los fantasmas, no importa la forma que tomen, no pueden ser verdad, es fundamental para darnos cuenta lo verdadero y lo ilusorio del mundo que vivimos.

Si sufrimos, si nos sentimos incómodos, si hay malestar, es que estamos atrapados en la energía del miedo (lo opuesto al amor, a la claridad). Por eso es que deberíamos cuestionar lo que percibimos cuando no nos sentimos bien.

Si pienso que una persona es mala, sólo por usar un adjetivo negativo, la sensación que tendré será de malestar. Es imposible sentirse bien y estar pensando negativamente. Entonces, si hay malestar, quiere decir que estoy viendo desde la oscuridad y, naturalmente, estoy viendo un fantasma. Sufro porque no estoy viendo lo que realmente está pasando.

Detrás de esa "mala" actitud de la otra persona, quizás hay alguien deseoso de llamar la atención porque no la tuvo. En definitiva, está pidiendo amor. Si puedo tener esa visión, aun cuando el otro desde su personalidad esté haciendo cosas con las que no estoy de acuerdo, mi sensación será de paz. Esa paz que ahora siento es la correspondencia con la visión del alma. Estoy viendo algo que está más cercano a la verdad. Veo alguien pidiendo amor desesperadamente.

En otras circunstancias, puedo ver la verdad acerca de mí mismo. O reconocer las mentiras acerca de mí. Por ejemplo, cuando sufro por algo que no hice correctamente, quizás mi pensamiento sea uno de autocastigo, como por ejemplo "soy incapaz" o "nunca aprenderé". Esos pensamientos se sienten mal porque son densos. Son densos porque nacen desde la oscuridad en mí. Es decir, nacen del miedo. La buena noticia de una experiencia como ésta es el resultado. Al pensarlos y sentir malestar, puedo darme cuenta que ésa no es una verdad. Por el contrario, si pienso que soy capaz de cambiar, que me abro a la posibilidad de aprender, me sentiré mejor, en paz. Es decir, esto último está más cercano a mi verdad. Esa es la visión del alma.

La visión del alma me acerca a la verdad. La de la personalidad, a una ilusión. Darme cuenta de esa diferencia me libera y me abre a todas las posibilidades. Si siento malestar, es una ilusión. Si es bienestar lo que reflejan los pensamientos, es la visión del alma en ese momento.

Debemos comprender que el miedo es oscuridad y que desde la oscuridad solo vemos fantasmas. Y que **la visión luminosa del alma me acerca a la verdad, mientras que la visión de la personalidad, a una ilusión.**

Darme cuenta de esa diferencia me libera y me abre a todas las posibilidades.

Si siento malestar, es una ilusión. Si es bienestar lo que reflejan los pensamientos, es la visión del alma en ese momento.

Antes de aceptar algo como verdadero me preguntaré **¿Cómo me siento?**

13

Es necesario salirnos del juicio de "lo bueno y lo malo" si queremos conectarnos con la visión del alma. Es nuestro ego, la personalidad, que separa el mundo en dos, sólo para no tener que lidiar con los miedos. Así, se entretiene en buscar una parte y rechazar la otra, ya sea en una situación o con una persona. Así hay drama suficiente para distraerse toda una vida.

Pero, en realidad, la visión del alma nos dice que toda forma de personalidad es útil para nuestra evolución, que los errores que cometemos tienen el propósito de ayudarnos a despertar y volvernos más atentos en el camino. Que nada está equivocado. Esto no significa que nos volvamos ambiguos, indolentes ni haraganes. El alma nos da su visión para que podamos aprender la lección sin tanta demora y sufrimiento. Nos ayuda a dar el paso y seguir andando. A discernir, ya no entre lo bueno y lo malo, sino en cómo y cuánto tiempo quiero tomarme para aprender una lección.

El alma nos permite ver dónde es que tenemos que drenar la negatividad que aún permanece en nuestra energía y nos dice que usando el amor es más fácil que cualquier otro intento. Y para asistirnos en ese proceso es que nos acerca a las personas con las que nos relacionamos. Ellas son nuestros maestros de evolución.

Trascender lo bueno y lo malo es necesario si queremos dejarnos guiar por el alma. Dejamos de distraernos en sostener el drama para decidir cómo y cuanto tiempo nos tomaremos para aprender una lección.

Es necesario **salirnos del juicio de "lo bueno y lo malo"** si queremos conectarnos con la visión del alma.
Trascender lo bueno y lo malo es necesario si queremos dejarnos guiar por el alma. Dejar de distraernos en sostener el drama para decidir cómo y cuánto tiempo nos tomaremos para aprender una lección.
Me preguntaré ¿Quiero detenerme a enjuiciar lo que está pasando o quiero aprender la lección y seguir adelante?

14 Todo es energía. Y, por supuesto, también nosotros lo somos.
Somos energía visible, la que percibimos como nuestro cuerpo físico, y también somos energía que no está al alcance de la percepción ordinaria. Nuestros pensamientos y emociones no son visibles, pero sostenemos esa energía

en nosotros aunque no podamos identificarla con los cinco sentidos.

Podemos acceder a esa otra energía en estados de observación profunda. O puede que lleguen otras personas a mostrarlo.

Cuando nos relacionamos con otros, hay muchas cosas pasando más allá del intercambio de palabras e ideas de una conversación o de la cercanía de nuestros cuerpos. Existe un intercambio de energías que si lo pudiéramos visualizar, sería como un espectáculo de fuegos artificiales. Al entrar en relación con otro "cuerpo energético", la persona con la que me estoy relacionando y yo, comenzamos a mover nuestra energía.

Es la manera que la naturaleza nos ofrece para que podamos ver nuestro cuerpo energético cuando no lo podemos lograr nosotros mismos. Al igual que lo haría un espejo mostrando nuestra parte física, la energía de los demás nos devuelve el reflejo de nuestra propia energía. Es decir, en los demás podemos ver nuestros propios pensamientos y emociones. Así, sin mayor complejidad. Nos vemos en los demás. Los otros reflejan nuestra energía.

Esto no sucede por capricho divino, sino como asistencia. Si tengo en mi cara una mancha, solo, por mi cuenta, no me la podré ver. Y si no la veo, no la puedo limpiar. Para eso necesito un espejo que me la muestre. Igualmente, las personas que llegan a nuestra vida nos ayudan a ver aquellas manchas que necesitamos limpiar si queremos ver con claridad. Si queremos comenzar a ver la verdad detrás de las ilusiones.

Sí, gran parte de lo que vemos en los demás, es nuestro. Sabemos que es nuestro cuando hay una respuesta emocional de nuestra parte, avisándonos que hemos movido nuestra energía. No significa que seamos de esa manera. A veces nos avisan lo que no somos para poder corregirnos.

El proceso es así:

Hay una parte de mí que no puedo ver.

Como no la veo, necesito que alguien me la muestre.

Cuando me la muestre, necesitaré prestar atención. Por eso, en ese momento, sentiré una emoción más intensa de lo habitual.

Al sentir la emoción, prestaré atención a lo que el otro me muestra.

Si se siente mal, me está mostrando algo de mí que no es verdad, pero que necesito limpiar.

Si se siente bien, me está mostrando algo que es verdad en mí, pero que solo, por mi propia cuenta, no podría reconocer.

Para que podamos digerir esta idea -sí, reconozco que nos puede tomar un tiempo en comprenderla y aceptarla- hasta que se vuelva parte de nuestra mirada habitual hacia los otros, les compartiré como guía tres maneras en que reflejamos nuestra energía en las personas que llegan a nuestra vida:

Reflectores: Son las personas que nos molestan sin haber hecho nada para que sintamos eso. Su sola presencia, el que alguien las mencione o verlas en una fotografía alcanza para despertarnos incomodidad. Lo que vemos de ellas y nos incomoda es parte de lo que debemos limpiar. No es urgente, ni tampoco lo más importante para que nuestra vida funcione, pero es algo que puliría nuestra energía para darnos más brillo.

¿Qué hacer? Observar en nosotros qué estamos reflejando. Dejar de esperar el cambio en ellos y hacernos cargo del aprendizaje.

Recuerdo esta conversación en el momento de las preguntas y respuestas al finalizar una charla.

-Me molestan las personas que no aprovechan el tiempo, que no hacen lo que deben hacer. Que pierden el tiempo.

- ¿Cómo te sientes con eso que estás diciendo?, le pregunté.

- Muy frustrada, mal.

- ¿Qué significa que te sientas mal?

- Que no es verdad, que es una ilusión... ¡Pero sí es verdad!

- Es una verdad para ti, que te cuentas esa historia, pero si se siente mal, estas sosteniendo miedo y desde el miedo no puedes ver más que fantasmas. Cuéntame lo que ellos hacen, sin que te altere. Descríbelo lo más objetivamente posible.

- Es en el trabajo. Ellos se toman tiempo de descanso y podrían utilizar ese tiempo en algo más productivo.

- ¡Un momento! Detente allí. Al final salió un juicio y tu cara volvió a reflejar frustración. Me decías que ellos se toman tiempo de descanso. Y que eso te molesta. Ahora te pregunto ¿Cómo te sientes tú en el trabajo?

- ¡Agobiada! No tengo un minuto para respirar en paz.

- Ése es el agobio que ves en ellos. La ilusión es que crees que no puedes tomarte un descanso porque se vería muy mal o por las razones que diga la historia que te cuentas. La verdad es que tomarse descansos es necesario, que tu alma lo está pidiendo para tu cuerpo y tu personalidad no lo está permitiendo. ¿Cómo lo sabes? Porque cuando menciono que podrías tomarte un descanso tu cara se relajó, porque se siente mejor que la idea de que debes ser muy productiva y para eso estar ocupada todo el tiempo. Ése es un pensamiento denso, que quiere salir y para que lograrlo, se refleja en todo lo que ves alrededor hasta que puedas verlo en ti. Porque estoy seguro que no sólo te agobian tus compañeros de trabajo. También deben agobiarte tu familia, tus hijos y hasta tu esposo...

- ¡Es que ninguno hace lo que tiene que hacer!

- La que no hace lo que tiene que hacer eres tú, que es tomarte un tiempo de descanso. Y no lo digo yo, lo dice tu alma. Te lo pide a través de cada persona con la que relacionas.

Ese día, en la sala, fueron muchos los ojos que se abrieron bien grandes, porque con esta conversación, el mensaje les había llegado. Los otros me muestran lo que no puedo ver en mí. Me hacen obvios los fantasmas que en mis historias tienen vida y parecen reales.

Correctores: Son aquellos con quienes nos molestamos por lo que hacen, pero que a diferencia de los reflectores que pueden ser ocasionales, estos establecen una relación cercana y de compromiso con nosotros. Pueden ser parte de la familia, parejas, compañeros de trabajo o amigos. No nos resultará fácil alejarnos de ellos. Y si lo consiguiéramos, porque nos mudamos o nos alejamos físicamente, atraeremos otras personas de similares características con las que experimentaremos algo parecido. Como este aprendizaje es urgente, no podremos evitarlo.

¿Qué hacer? Observar en nosotros aquello que nos molesta del otro, dejar de provocar o esperar el cambio en ellos y corregirlo en nosotros. O lo seguiremos viendo.

En mi caso, la paciencia en una de las lecciones que deberé aprender antes de dejar este cuerpo. Mi alma quiere experimentar la paciencia y mi personalidad se resiste. Sé que es mi aprendizaje de vida porque ha sido una constante, en mayor o menor grado, a medida que lo voy aprendiendo, pero sobre todo porque la lentitud ha sido la característica de la mayoría de las personas que me han quitado la paz. Y que, eventualmente, me la siguen quitando.

Gracias a ellos, y a haberme hecho responsable de mi aprendizaje, es que no solamente pongo mi intención en desarrollar la paciencia y no pierdo mi energía tratando que los demás sean más rápidos. Sino que en los últimos años, desde que decidí dejar de cambiar las cosas afuera y trabajarlo en mí, la vida me ha acercado a personas que sol altamente efectivas con el tiempo. O mejor dicho, personas que me dejan ver la verdad en mí. Que puedo usar el tiempo de manera muy efectiva porque soy paciente. ¡Esto si se siente bien!

Inspiradores: Son aquellas personas que generalmente admiramos y quizás hasta nos convertimos en sus seguidores si exageramos ese lazo. Como lo que nos provocan es bienestar, nos están mostrando una verdad sobre nosotros que solos, por nuestra propia cuenta, no podríamos ver. Esas características que estamos viendo en esa persona, en realidad, están en nosotros.

¿Qué hacer? Despertar en nosotros aquello que admiramos del otro. Dejar de imitarlo o seguirlo, para poner la mirada en nosotros mismos y darnos cuenta que ésta es una cualidad que nos está mostrando nuestra alma y que estamos listos para asumir. La fortaleceremos con la práctica.

Jesús es mi inspirador. Jesús, el hombre que llegó al mundo a desafiar lo conocido y ofrecer una nueva versión de la realidad, donde el amor todo lo puede. Por eso, cada vez que me enfrento a una limitación, me pregunto ¿Qué estaría haciendo Jesús en esta situación? Y me dejo llevar por su inspiración.

No he conocido a Jesús físicamente ni necesitamos que nuestro inspirador exista en este plano. Lo que necesitamos es un espejo en el que podamos sostener nuestra verdad y que nada nos tiente a salirnos de ella. Finalmente, nos daremos cuenta que eso que tanto mirábamos afuera, estaba en nosotros.

Los correctores y reflectores, nos muestran las capas de nuestra personalidad que nos oscurecen. Los inspiradores, por su lado, nos hacen saber de nuestra esencia, nuestras virtudes y de las posibilidades de expresarnos desde el alma. Cuando nos pulimos a través de los correctores y reflectores y comenzamos a darnos cuenta de quién realmente somos a través de los inspiradores, nuestra personalidad entra en armonía con el alma. Y desde esta personalidad armoniosa, le estamos facilitando al alma que se manifieste en la vida humana. Esa personalidad armoniosa emerge como una manera de expresión del alma y goza de su misma visión, sus cualidades y su poder.

Todo es energía. Y, por supuesto, también nosotros lo somos.
Somos energía visible, la que percibimos como nuestro cuerpo físico, y también somos energía que no está al alcance de la percepción ordinaria.
Los correctores y reflectores, nos muestran las capas de nuestra per-

sonalidad que nos oscurecen. Los inspiradores, por su lado, nos hacen saber de nuestra esencia, nuestras virtudes y de las posibilidades de expresarnos desde el alma.

¿Qué estoy viendo de mi en el otro?

15 Las relaciones son un mecanismo ideal para que evolucionemos sin demorarnos.

Cada persona que llega a nuestra vida nos da la posibilidad de vernos y ver qué queremos hacer con esa manchita energética que acabamos de descubrir. Si aceptarla o transformarla, o bien negarla y convencer al otro a que cambie, a los empujones y con dolor.

Esta visión nos obliga a remover el arquetipo del matrimonio como lo hemos conocido, que se creó hace centenares de años con otro propósito, cuando dos personas unían sus vidas para ayudarse en la supervivencia, distinta a una nueva visión basada en el compromiso del alma. Las nuevas relaciones matrimoniales, para sostenerse, deben estar alineadas en un compromiso evolutivo, donde hay un compañerismo espiritual y el acuerdo sagrado de ayudarse mutuamente en la evolución de cada uno.

Mientras en el antiguo matrimonio, el miedo tenía lugar y no rompía el vínculo, en este momento, el miedo ya no tiene cabida. Quizás por eso el divorcio ya es tan habitual que socialmente está instalado como parte del proceso matrimonial. Aunque no sería necesario si elegimos, conscientemente, construir una relación bajo el nuevo arquetipo del matrimonio, donde ya no deciden estar por miedo a...(estar solos, no poder sostenerse, cumplir con el requisito social, etc.), sino porque se comprometen con ese vinculo a ver lo mejor de cada uno, especialmente cuando la visión de la personalidad cobre fuerzas y los tiente a sacar sus sombras. Así, el compromiso deja de ser físico, con todas las reglas impuestas que este trae, sino entre dos almas que deciden recorrer el camino de amor con conciencia. Y la decisión, tomada por ambos, claro está. El tiempo que tomen en recorrer ese camino está determinado por sus almas y ninguna promesa de la personalidad, ni argumentos del mundo, podrán sostener lo que el alma decide finalizar. La personalidad no debe romper el lazo, pero la orden del alma no se puede ignorar en esos casos. Si no entendemos esta nueva forma de relacionarnos, sufriremos al tratar de encajar en un arquetipo que nos queda pequeño, tanto como nos dolería caminar con zapatos de dos tallas menores de las que necesitamos.

Esta visión nos obliga a remover el arquetipo del matrimonio como lo hemos conocido. Las nuevas relaciones matrimoniales, para sostenerse, deben estar alineadas a un compromiso evolutivo, donde hay un compañerismo espiritual y el acuerdo sagrado de ayudarse mutuamente en la evolución de cada uno.

Las relaciones son un mecanismo ideal para que evolucionemos sin demorarnos.
Cada persona que llega a nuestra vida nos da la posibilidad de vernos y ver que queremos hacer con esa manchita energética que acabamos

de descubrir. Si aceptarla o transformarla, o negarla y convencer que el otro cambie, a los empujones y dolor.

Si no entendemos esta nueva forma de relacionarnos, sufriremos al tratar de encajar en un arquetipo que nos queda pequeño, tanto como nos dolería caminar con zapatos de dos tallas menores de las que necesitamos.

¿Puedo ver que toda relación me está ayudando a evolucionar o veo al otro como un enemigo que me detiene?

16 La mayoría de las relaciones que cultivamos y sostenemos ha sido creada en el viejo arquetipo de la supervivencia. Esto incluye las relaciones entre seres humanos así como las de países, culturas o sociedades.

Si mi vida tiene sentido en la medida que puedo identificarme con algo o alguien, es posible que, en estos tiempos, nos sintamos desencajados. Estos vínculos nacen de las viejas personalidades donde lo externo determina lo interno, y donde el miedo es una constante. Temo por lo que pasará, por lo que dejará de ocurrir, por lo que hay y lo que no hay, por como es y como no es el entorno que me rodea. No puedo menos que tener miedo ante tanta pérdida de poder. Para sostener relaciones desde esa conciencia de miedo, debo recurrir a la arrogancia, la desconfianza y la prepotencia.

Pero la intención de evolucionar y de tener intenciones alineadas al propósito del alma, nos lleva a replantearnos este viejo modelo. El nuevo está basado en la conexión interna antes del contacto externo. No puedo ofrecer amor si antes no tengo una relación amorosa conmigo mismo. Reconozco mi personalidad y escucho mi alma, y sé cuándo obro en función de una y otra. Y al hacerlo, puedo comenzar a verlo en los demás. Por lo tanto, ya no necesito más que caminar atento a no caer en las trampas de mi personalidad ni las de los otros. Pero dejo de ver la amenaza y la salvación fuera de mí y de crear mis vínculos en base a esto.

El nuevo modelo de vínculos entre nosotros está basado en la conexión interna antes del contacto externo.

La mayoría de **las relaciones que cultivamos y sostenemos han sido creadas en el viejo arquetipo de la supervivencia.** Esto incluye las relaciones entre seres humanos así como las de países, culturas o sociedades.

Pero la intención de evolucionar y de tener intenciones alineadas al propósito del alma, nos lleva a replantearnos este viejo modelo. El nuevo modelo de vínculos entre nosotros está basado en la conexión interna antes del contacto externo.

¿Necesito a esa persona para sentirme valioso?

¿Me atrevo a mirarme cada vez que el otro me muestra lo que no me gusta?

17 Cuando una personalidad se encuentra con otra, es muy difícil sostener una relación armoniosa. El ego es tan convincente que nos dice que nuestra razón vale más que la de otro y el otro, piensa lo mismo.

Desde la personalidad nos defendemos, nos alejamos y nos encontramos, pero con una agenda. Nunca nos entregamos sin pedir nada a cambio. Y sin entrega, no puede haber amor. Así es que vamos achicando nuestro mundo para que solamente las personas que coinciden con nosotros entren a él. Y ésta no es una decisión incorrecta. Pero como es tomada desde el miedo, no desde la libertad, comenzamos al menos a protegernos de los demás, a rechazar, a atacar y terminamos construyendo una pared entre nosotros... y ellos.

Lo que transforma una relación, entonces, es animarnos a salir detrás de esa pared, poco a poco, y comenzar a mostrarnos cómo somos. Ésa es la señal de que estamos entregándonos a la experiencia de la relación. Luego, comprometernos. No hacer un compromiso, porque éste viene del miedo. Miedo de no poder quedarme o miedo que te vayas. Ese compromiso nos ata. No hablo de ese compromiso que encierra obligaciones, sino de estar comprometidos, donde lo que antes era obligado ahora será una elección que conscientemente haré para seguir creciendo como persona, pero contigo.

El compromiso con el otro me da la posibilidad de conocerme y evolucionar en situaciones que no podría experimentar si esa persona no estuviera en mi vida. El compromiso es conmigo, de estar ahí y de no dejarme engañar por la personalidad. Y el compromiso contigo, de estar por ti sin dejarme engañar por tu personalidad. Nos comprometemos a ver la verdad detrás de cada situación. Y ésta siempre será un ofrecimiento de amor o un pedido. El pedido del amor es lo que más nos cuesta ver porque no siempre es tan claro. A veces, ese pedido de amor suele venir revestido en enojo, celos o tristeza.

Salirnos de la historia que cada uno trae es muy útil si queremos que nuestra historia juntos funcione. Salirnos de los guiones nos saca de la especulación, de lo que asumimos del otro, de lo que le pasa, de lo que no le pasa o de lo que le pasará. Estar comprometidos implica llevar nuestra observación un poco mas allá, para poder "darnos cuenta" de lo que realmente está pasando en cada uno. Y que, sea lo que sea, no implica una amenaza, sino, una oportunidad para acercarnos más, mientras nuestros miedos van cayendo a pedacitos.

Lo que transforma una relación es animarnos a salir detrás de la pared donde nos escondemos y, poco a poco, comenzar a mostrarnos como somos. Esa es la señal de que estamos entregándonos a la experiencia de la relación.

Desde la personalidad nos defendemos, nos alejamos y nos encontramos, pero con una agenda.Nunca nos entregamos sin pedir nada a cambio. Y sin entrega, no puede haber amor.
Lo que transforma una relación, entonces, es animarnos a salir detrás de esa pared, poco a poco, y comenzar a mostrarnos como somos.
El compromiso con el otro me da la posibilidad de conocerme y evolucionar en situaciones que no podría experimentar si esa persona no estuviera en mi vida. El compromiso es conmigo, de estar ahí y de no dejarme engañar por la personalidad.
¿Puedo mostrarme tal cual soy sin temor a ser abandonado por eso?

18 La versión de la vida según nuestra personalidad está sostenida en la percepción que tenemos desde nuestros cinco sentidos. Lo que no es palpable, no es real. O al menos, no lo tomamos como prioridad. Pero cuando es el alma que comienza a liderar nuestra vida, comenzamos a cuestionar las percepciones y los valores de este mundo para abrirnos a nuevas miradas. Ya no sostenidas sólo en lo que pensamos, sino en lo que sentimos. Y dando un lugar especial a las segundas. El filtro de la respuesta a ¿cómo se siente? tendrá prioridad sobre el del raciocinio, los valores de conveniencia y la especulación.

Esta actitud de reverencia hacia la mirada del alma nos saca de la brutalidad humana y despierta otras cualidades como la compasión, el afecto y el respeto a toda forma de vida. Incluso, y especialmente, hacia aquellas que desde nuestros juicios condenamos.

Si la respuesta a ¿cómo se siente? tiene prioridad sobre el raciocinio, los valores de conveniencia y la especulación, despertaremos otras cualidades como la compasión, el afecto y el respeto a toda forma de vida.

El filtro de la respuesta a **¿cómo se siente?** tendrá prioridad sobre el del raciocinio, los valores de conveniencia y la especulación.
Si la respuesta a **¿cómo se siente?** tiene prioridad, despertaremos otras cualidades como la compasión, el afecto y el respeto a toda forma de vida.

19 La intención determina lo que finalmente ocurrirá en nuestra vida.
Tenemos la creencia de que lo que ocurrirá es aquello para lo que hemos puesto mucho empeño y esfuerzo. Ésa es una creencia sostenida desde la personalidad, que valora por lo que ha sufrido, teme por lo que pudiera perder y no pone demasiado interés en lo que se pudiera manifestar

fácilmente. Pero hay una energía más potente que determina lo que finalmente será parte de nuestra experiencia: la intención. Ésta es el flujo de energía de nuestros pensamientos y emociones, de todo lo pensado y sentido.

La intención funciona como una corriente que se mueve similar al agua en un tubo, donde se concentra hasta encontrar un lugar para aparecer y explotar. Así, lo que pensamos y sentimos se va concentrando hasta que encuentra el punto de explosión, donde se manifiesta.

Cuando nos encontramos frente a una situación que ya forma parte de nuestra realidad, lo que vemos es la expresión final de una suma de pensamientos y emociones, donde todos tenían en común un elemento que era nuestro deseo de que eso que estamos ahora experimentando, se hiciera real.

Por eso es que debemos ser cuidadosos y observar todo el proceso. La personalidad cree que cuando piensa en algo que desea, allí es donde comienza el proceso de creación. Pero muchas veces ese deseo apenas es parte de otro mayor.

Si queremos un nuevo trabajo, por ejemplo, la intención estará determinada por todos los pensamientos que hayamos tenido con respecto a un trabajo. Y por todas las emociones que hayamos sentido en relación a las ideas de trabajo que se hayan cruzado en nuestra vida hasta ese momento. Esto explica por qué ante mucho esfuerzo, no siempre vemos resultados. Pero también nos ayuda a corregirnos y entender que con una intención clara, no hace falta más que enfoque, y no necesariamente esfuerzo, para terminar abrazando aquello que deseamos desde un pensamiento.

Para decirlo de otra manera, la intención es donde se cultiva la energía que atraerá las condiciones para crear una determinada experiencia.

La pregunta, en este punto, es ¿cómo podemos estar más conscientes de este proceso para cuidar y sostener el flujo de energía hasta que se manifieste en la realidad?

En esto, las emociones juegan un rol esencial. Recordemos, una vez más, que el alma nos habla a través de ellas. Por lo tanto, permitamos que el alma nos guíe en este proceso creativo a través de lo que sentimos.

Las emociones son el termómetro donde podemos medir la energía que estamos usando. Por lo tanto, al observar las emociones, estaremos observando más claramente la intención.

Si, por ejemplo, estamos tomando una decisión que aparentemente nos favorece, que nos acercaría a nuestra meta, pero al pensarla nos sentimos incómodos, las emociones nos están dejando ver una energía que no está alineada con nuestro propósito final.

Puede que estemos decidiendo comenzar un nuevo trabajo, con condiciones de aparente alto beneficio para la personalidad con los que podremos menguar los miedos y las inseguridades, pero en la línea de pensamientos están aquellos pensamientos que dicen que no me lo merezco. Quizás no somos conscientes de ellos y los podremos ver más claramente cuando lo vivamos como experiencia y nos rechacen, o nos despidan por que "resultó ser demasiada responsabilidad " y no logramos las expectativas del empleador. En estos casos, el alma nos avisa de antemano para que evitemos pasar por la experiencia dolorosa y ahorremos ese tiempo. Nos lo dice antes, y de manera preventiva, que nuestra energía no está alineada a nuestro propósito al perder el bienestar cuando aparentemente todo está bien.

Cuando nos demos cuenta que nuestra intención no está alineada a nuestra meta, porque sintamos algún tipo de malestar interior con respecto a esa idea o lo que estamos haciendo, tomemos un tiempo para hacer silencio y permitir que nos lleguen imágenes, recuerdos o vivencias que estén relacionadas con esa meta y detengámonos en las que nos produzcan malestar. Busquemos, en nuestra mente y de manera imaginativa, una resolución de esa situación. Si el miedo, por ejemplo, es quedarnos sin dinero, la solución no será llenarnos de él, sino ver cómo podemos movernos fácilmente en nuestro ambiente sin esa suma que tememos perder o nunca lograr. Si el malestar aparece porque nos visualizamos solos, no elijamos una compañía como solución, sino viviendo con alegría la soledad. Y si, por ejemplo, el temor es que eso que queremos no suceda, visualicémonos en bienestar independientemente de esa situación. Es decir, mentalmente, a través de la imaginación, trascendamos el pensamiento negativo hasta recuperar el bienestar.

Esto nos ayudará a limpiar la energía de la intención, purificando los pensamientos y emociones negativas, y elevándolas a una frecuencia donde fluirán más fácilmente atrayendo a personas, situaciones y condiciones para hacerse realidad.

Una de las maneras más sencillas de facilitar el proceso de la intención, es el agradecimiento. Al agradecer anticipadamente por aquello que deseamos, llevamos la energía de los pensamientos y emociones a un estado óptimo. Al agradecer, los pensamientos están claros porque se mantienen focalizados en aquello que agradecemos. Y las emociones, al sentir que estamos viviendo esa experiencia, no pueden menos que estar vibrando alto, en alegría y optimismo. Por eso es que cuando agradecemos por lo que deseamos, estamos acelerando cualquier proceso de manifestación. Con el agradecimiento, la intención se clarifica y se intensifica.

Claro está, que si agradecemos pero la sensación que tenemos no es de bienestar, estamos simplemente maquillando los miedos con ideas positivas. En ese caso buscaremos la historia y trabajaremos con ella, hasta recuperar el bienestar.

La intención es el flujo de energía de nuestros pensamientos y emociones. Las emociones son el termómetro donde podemos medir la energía que estamos usando. Por lo tanto, al observar las emociones, estaremos observando más claramente la intención. Cuando nos demos cuenta que nuestra intención no está alineada a nuestra meta, hagamos silencio para hacernos conscientes de esa historia y usemos la imaginación para transformarla hasta recobrar el bienestar.

La intención determina lo que finalmente ocurrirá en nuestra vida. Esta es el flujo de energía de nuestros pensamientos y emociones, de todo lo pensado y sentido.

Las emociones son el termómetro donde podemos medir la energía que estamos usando. Por lo tanto, al observar las emociones, estaremos observando más claramente la intención.

Una de las maneras más sencillas de facilitar el proceso de la intención, es el agradecimiento. Al agradecer anticipadamente por aquello que deseamos, llevamos la energía de los pensamientos y emociones a un estado óptimo.

La pregunta, en este punto, es ¿cómo podemos estar másconscientes de este proceso, para cuidar y sostener el flujo de energía hasta que se manifieste en la realidad?

20 Uno de los errores que cometemos por desconocer que la vida es un proceso energético mayor al que nuestros cinco sentidos pueden identificar, es que un simple deseo no alcanza para generar un cambio definitivo.

Si, por ejemplo, nos ha costado comprometernos en una vida de pareja, no podemos comprometernos exitosamente con alguien por solo desearlo. O si hemos tenido una visión de carencia sobre nuestra economía, no podemos volvernos prósperos porque ganemos una suma de dinero inusualmente elevada, ya sea por un trabajo realizado o porque hayamos acertado el número de la lotería. Es ingenuo esperar que un flujo de energía que tardó tanto tiempo en cultivarse, que ya es consistente, pueda ser destruido por un simple deseo de cambio.

Por eso, antes que todo, debemos revisar nuestras intenciones. Estas siempre revelarán un patrón de pensamiento y emociones más amplio que la simple visión de un deseo.

Una ley de la física dice que un cuerpo en movimiento mantendrá una conducta lineal, es decir, que no podemos esperar que una bola que venía haciendo círculos, de repente comience a moverse en forma de zig-zag. Pero, la ley hace una salvedad. Dice que si aparece una fuerza mayor, ésta modificará ese movimiento para darle una nueva forma e incluso cambiar la dirección de manera opuesta.

Si comprendemos que los pensamientos y emociones son energía, podremos ver claramente que si hay un patrón de movimiento en ellos, éste puede cambiar cuando haya, no sólo nuevos pensamientos y emociones, sino que la fuerza de estos sea mayor.

Cuando los físicos dicen mayor, no hablan de tamaño, sino de intensidad. Por lo que no necesitamos pasarnos cinco años pensando algo diferente para cambiar el rumbo de otros cinco años que queremos modificar. Quiere decir si la fuerza de esos pensamientos y emociones es de mayor intensidad, ésta puede cambiar el rumbo que traía.

Un ejemplo claro de este proceso lo podemos experimentar cuando perdonamos. Puede que hayamos acumulado años de resentimiento y enojo, de pensamientos malvados y destructivos, pero si en un instante, que quizás pueda durar varios días, más no necesariamente años, dejamos de sostener esos pensamientos y podemos pensar compasivamente sobre la misma situación o esa persona, la energía antigua se desvanece. La actitud compasiva no solamente es opuesta a la negatividad anterior, pero también la vibración de la compasión en muchísimo más elevada que la del enojo. El amor calibra por encima del miedo. Entonces, ante un escenario de perdón, podemos ver cómo la energía de miedo se corrige.

Así, si cada nueva intención que tenemos está alineada al amor, al merecimiento y la compasión, iremos limpiando los lastres que viejos pensamientos y emociones negativos han dejado en nuestra vida.

Ésta sería la evolución que como seres humanos estamos llamados a hacer en este momento.

Para que el flujo de nuestros pensamientos y emociones cambie, un simple deseo no alcanza. Necesitamos de una fuerza mayor. Lo podemos experimentar cuando perdonamos. Puede que hayamos acumulado años de resentimiento y enojo, pero si en un instante pensamos compasivamente sobre la misma situación o persona, la energía antigua se desvanecerá.

La vida es un proceso energético mayor al que nuestros cinco sentidos pueden identificar.

Si comprendemos que los pensamientos y emociones son energía, podremos ver claramente que si hay un patrón de movimiento en ellos, este puede cambiar solo cuando haya, no solo nuevos pensamientos y emociones, sino que la fuerza de éstos sea mayor.

Esta sería la evolución que como seres humanos estamos llamados a hacer en este momento.

Para que el flujo de nuestros pensamientos y emociones cambien, un simple deseo no alcance. Necesitamos de una fuerza mayor. Lo podemos experimentar cuando perdonamos.

¿Me atrevo a salirme de todos los pensamientos y emociones conocidas para generar un cambio real en mi vida?

21

Si nos definimos como seres energéticos, nos será más fácil entender y percibir la energía del amor.

Cuando alguien necesita amor, es que está en su opuesto, en miedo. El amor es la energía más elevada que conocemos en la tierra. Y el miedo, su opuesto, es de las de más baja vibración, la más densa. Una persona alegre y optimista se siente libre, liviana y jovial porque está encarnando la energía del amor, la vibración entonces es elevada. Por otra parte, una persona depresiva y conflictiva se siente densa y cargada porque está sosteniendo la energía del miedo.

Quizás debemos salirnos de la idea romántica del amor para tener una visión más amplia, que se podría sintetizar en la definición de todo lo que nos eleva y genera expansión y bienestar, tanto para nosotros como para el entorno. Y el miedo como una energía de baja vibración, que se sostiene en la negatividad de los pensamientos y a nivel de emociones generando malestar, en nosotros y nuestro entorno.

Por lo tanto, toda energía amorosa llevará a expandirnos y la del miedo a cerrarnos. Un pensamiento que se siente bien es amoroso y abrirá caminos y uno que se siente mal es producto de miedo y los cerrará.

Pero no estamos en el mundo para salvarnos del miedo. Ni tampoco para andar evaluando si es mejor el amor que el miedo. Si bien debemos discernir entre uno y otro, para no engañarnos, la tarea más importante es no escaparle al miedo, sino transformarlo en amor. Elevar la energía densa cuando se nos presenta.

Es habitual que cuando llega una persona negativa busquemos alejarnos por temor a caer es su negatividad. Éste es un recurso de supervivencia energética valioso si no podemos lidiar con la negatividad. Pero hay un paso trascendental que podemos dar, el de ser parte de la transformación de esa energía.

Cuando alguien me mira con enojo, aun cuando no sé quién es esa persona, trato de devolverle una mirada compasiva. Si alguien está preso del miedo, sobreviviendo a la densidad de la negatividad, no estoy ayudándolo si le doy más de la misma energía. Pero si le ofrezco la energía más suave de la compasión, a través de una mirada sutil y una actitud amable, le tenderé la mano para que pueda elegir salirse del miedo y elevar su vibración, lo que repercutirá en sus pensamientos y emociones.

Nadie que tenga hiel en sus labios puede ignorar el sabor del azúcar. Por eso, el remedio para el miedo es, definitivamente, el amor.

La ausencia de amor es lo que permite el miedo. Y el miedo se sostiene en el sufrimiento de la personalidad. La salida del miedo, entonces, siempre será el amor. Si condenamos la negatividad, la enjuiciamos, la reprimimos o nos tratamos de alejar de ella, sólo estamos permitiendo que siga viva.

Y si lo que cambia el rumbo de la energía es una fuerza mayor a la que estaba actuando, una actitud amorosa alcanzará, porque no hay miedo que pueda resistirse ante ella.

El amor es la energía más elevada que conocemos en la Tierra. Y el miedo, su opuesto. El amor nos expande y el miedo nos limita. Nuestra tarea no es escaparle al miedo, sino transformarlo en amor. Elevarnos y facilitar a que otros lo hagan.

Si nos definimos como seres energéticos, nos será más fácil entender y percibir la energía del amor.

Por lo tanto, **toda energía amorosa llevará a expandirnos y la del miedo a cerrarnos.** Un pensamiento que se siente bien es amoroso y abrirá caminos y uno que se siente mal es producto de miedo y los cerrará.

La tarea más importante es no escaparle al miedo, sino transformarlo en amor.

El amor es la energía más elevada que conocemos en la tierra. Y el miedo, su opuesto. El amor nos expande y el miedo nos limita. Nuestra tarea no es escaparle al miedo, sino transformarlo en amor. Elevarnos y facilitar a que otros lo hagan.

¿Puedo abrazar el miedo o escapo cuando aparece? ¿Puedo ser compasivo conmigo mismo ante un error? ¿Soy tolerante ante los errores ajenos?

22 Cuando nuestros sentidos trascienden la personalidad, nos damos cuenta que no estamos tan solos. Podemos sentir que estamos con nosotros mismos. Hay una conversación interna que quizás carezca de palabras pero tiene contenido. Es una conversación entre nuestra personalidad y nuestra alma. La que, en definitiva, será siempre la mejor amiga que podamos tener.

Me ha ocurrido que muchas veces, preso de mi personalidad, me encontré defendiendo una forma de ver las cosas tan intransigente que me llevaba hasta el enojo. En ese momento podía escuchar dentro de mí una voz que decía: "¿Julio, a quién le quieres ganar?". Y mi personalidad le contestaba... Y ocurría un diálogo que al hacerlo consciente me llevaba a la calma.

Ahora, me es natural buscar respuestas internas antes de escuchar las respuestas del mundo. Puedo darme cuenta que es mi alma hablando cuando su mensaje viene acompañado por una clara sensación de paz interior. El mensaje del alma siempre es reparador, conciliador y amoroso. El de la personalidad, es crítico y temeroso.

Pero no siempre el contenido del mensaje del alma es racionalmente comprensible. No siempre lo que estamos recibiendo puede ser representado con palabras. En esos casos, el alma obra a través de sensaciones. Cuando lo escucho provoca en mí paz interior, el alma está acordando con lo que estoy pensando. O con lo que hago o digo en ese momento. Si ocurre lo contrario, el mensaje es que me detenga, que eso no es una experiencia que me traerá expansión o el momento no es el mejor.

Las corazonadas que nos hacen detener ante una situación, sin entender el porqué hasta unos segundos después en que vemos que estuvimos al borde del peligro, son la muestra clara de la presencia de un alma que nos cuida y nos guía.

Ésta es la intuición con la que todos nacemos y que puede que nos neguemos a escuchar, pero que nunca podremos acallar. Nadie que encarne un alma está ajeno a sus mensajes. Y todos llevamos una. Pero al creernos seres físicos, no hemos valorado los mensajes que ella nos ha enviado desde siempre.

Alcanza con comenzar a escucharla y ver los resultados para convencernos que no podríamos tener una mejor amiga en quien confiar.

Si nos permitimos escucharla, el alma siempre nos habla y se convierte en nuestra guía. Su mensaje es reparador, conciliador y amoroso.

El alma, cuando nos habla, es la guía que deberíamos escuchar.
Si nos permitimos escucharla, el alma siempre nos hablará y se convertirá en nuestra guía. Su mensaje es reparador, conciliador y amoroso.

¿Soy impulsivo? ¿Necesito entenderlo todo? ¿Obedezco mi voz interior?

23

Una manera de mantener abierto nuestro contacto con el alma es estar livianos y abiertos emocionalmente. Livianos, porque no sostenemos emociones densas, sino que nos permitimos sentirlas para sacarlas de nuestro cuerpo.

Si estamos tristes, animarnos a sentir la tristeza, darnos el tiempo para dejarla salir, actuarla y liberarla. Es my corto el tiempo que nos lleva liberar una emoción y es mucho más complejo sostenerla por evitar sentirla. Cuando sentimos las emociones densas, pero con compasión, sin entretenernos en ellas, permitiendo que el cuerpo las experimente, éstas siguen su camino y las dejamos ir naturalmente.

Cuando nos negamos a experimentar el dolor, que es parte de nuestro sistema de emociones, nos volvemos insensibles y nos cerramos emocionalmente. Y si es a través de las emociones como el alma puede conectarse con nosotros, estamos literalmente cerrándole la puerta al alma.

El alma nos contacta a través de las emociones. Mantenernos livianos y abiertos emocionalmente es nuestra tarea.

Una manera de mantener abierto nuestro contacto con el alma es **estar livianos y abiertos emocionalmente.** No sostendremos emociones densas, sino que nos permitiremos sentirlas para liberarlas de nuestro cuerpo.

¿Me permito sentir el dolor o lo reprimo? ¿Soy espontaneo y muestro mis emociones o me condiciono?

24

Para afirmar la guía interna del alma, es importante que le demos un espacio en nuestra cotidianeidad.

Desde que comprendí la importancia de dejarme guiar por ella, puede que esté en el supermercado y antes de poner un producto en mi carrito haga un rápido escaneo en cómo me siento. Y si no se siente bien, por más conveniente y tentador que sea lo que tengo en mis manos, no compro ese producto. Sucede igualmente con la ropa que elijo, los lugares donde estoy, los alimentos que consumo y hasta los horarios que dispongo para cada actividad.

Si dejamos que el alma intervenga en nuestros asuntos cotidianos y respetamos sus "sí y no", viviremos la vida como un juego y, lo más importante, haremos que nuestra rutina esté alineada con el propósito del alma. Sin dudas, el alma sabe qué es lo mejor para cada momento.

Al permitir que la guía interna intervenga en nuestra cotidianeidad, la vida se transforma en un juego fácil y más simple.

Para afirmar la guía interna del alma **es importante que le demos un espacio en nuestra cotidianeidad.**
Si dejamos que el alma intervenga en nuestros asuntos cotidianos y respetamos sus sí y no, viviremos la vida como un juego y, lo más importante, haremos que nuestra rutina esté alineada con el propósito del alma. Sin dudas, el alma sabe que es lo mejor para cada momento. Al permitir que la guía interna intervenga en nuestra cotidianeidad, la vida se transforma en un juego fácil y más simple.

¿Me dejo guiar fácilmente por los mensajes internos?

25

Nuestra personalidad no se opone al alma. Puede o no estar a su servicio, pero no se opone. Cuando hay miedo es porque nos hemos alejado o desconectado de ella y lo que cambiará la frecuencia del miedo será, simplemente, elegir un pensamiento o una emoción que se acerque a la vibración del amor para recuperar la conexión. Así de simple. La evolución que estamos experimentando como raza humana, es la que está sucediendo en nuestras personalidades. Estamos saliendo de nuestra identidad de un envase humano estructurado, sostenido en creencias, arquetipos y viejas ideas, para darnos cuenta que estamos en este cuerpo físico, pero podemos elegir llenarlo con otro contenido, más allá de las estructuras conocidas. La opción es el amor y el alma nos muestra con facilidad cómo lograrlo. Si hay una diferencia entre los seres humanos, es que estamos en vibraciones diferentes, relacionándonos cada uno desde su lugar. Nos acercamos y nos alejamos según esas frecuencias, pero también otros más conscientes están dispuestos a ver esas diferencias, pero no alejarse de nadie, sino abrazar la negatividad que encuentran a su paso para transformarla. Tanto en los demás como en ellos mismos. Ésta última, es la mejor actitud que podemos tomar si queremos de verdad ver un mundo nuevo.

Que la personalidad esté al servicio del alma es el propósito de nuestro trabajo interior. Para no escapar de la negatividad, sino abrazarla para transformarla.

La evolución que estamos experimentando como raza humana, es la que está sucediendo en nuestras personalidades. **Estamos saliendo**

de nuestra identidad de un envase humano estructurado, soste-nido en creencias, arquetipos y viejas ideas, para darnos cuenta que estamos en este cuerpo físico, pero podemos elegir llenarlo con otro contenido, mas allá de las estructuras conocidas. La opción es el amor y el alma nos muestra con facilidad como lograrlo.

Que la personalidad esté al servicio del alma es el propósito de nues-tro trabajo interior. Para no escapar de la negatividad, sino abrazarla para transformarla.

Hagámonos la pregunta *¿Quién realmente soy?* muchas veces y de-jemos que florezcan las respuestas. Iremos dejando atrás la idea limi-tada de nosotros mismos y ampliaremos la percepción de quienes so-mos. También lo podemos hacer con otras personas preguntándonos ¿Quién realmente es? Y dejar que fluyan las respuestas.

26 Cada decisión que tomamos, cada palabra que decimos, cada actitud que tenemos ante el mundo, pero especial-mente la intención que tenemos detrás de todo, o nos acerca al alma o afirma nuestra personalidad. Todo el día, incluso en sueños, la energía va hacia donde la intención la guía. Ninguna intención es mala. Porque incluso lo nega-tivo forma parte de un proceso de evolución. La pregunta que deberíamos hacernos es ¿cuánto tiempo queremos demorar en ese proceso? El camino del alma siempre será el más fácil y más simple. De todas maneras, ésa es una elección que aún tenemos en nuestras manos y al ser indi-vidual, nadie puede hacerla por otro. Cada uno, eligiendo y evolucionando a su paso. Cada proceso con sus propios tiempos. Ninguno mejor que otro. Pero unos más fáciles y simples que otros, eso sí.

La intención nunca es mala, porque incluso lo negativo nos lleva a la evolución. La pregunta que deberíamos ha-

cernos es ¿cuánto tiempo queremos demorar en ese proceso? El alma siempre me mostrará el más simple.

La pregunta que deberíamos hacernos es *¿Cuánto tiempo queremos demorar en ese proceso?* El camino del alma siempre será el más fácil y más simple.De todas maneras, esa es una elección que aún tenemos en nuestras manos y al ser individual, nadie puede hacerla por otro. Cada uno, eligiendo y evolucionando a su paso. Cada proceso con sus propios tiempos. Ninguno mejor que otro. Pero unos más fáciles y simples que otros.

27 Las decisiones son las tijeras con que vamos cortando la energía que queremos sostener y la que dejaremos pasar. Cuando decidimos, a través de lo que pensamos, sentimos y actuamos en consecuencia, estamos dirigiendo la energía hacia donde la queremos llevar. La intención está obrando. Pero, para alinearnos con el propósito del alma, ¿cuál sería la mejor decisión, la más responsable, la que nos llevará en un fluir más fácil? Para eso debemos reconocer las fuerzas internas que mueven cada opción. Puede que mi deseo de trabajar más se contradiga con mi deseo de descansar. Cuando reconozco las fuerzas que me impulsan a tomar la decisión, puedo reconocer que las opciones no están solamente fuera de mí, sino que hay un impulso interior que las está manifestando y la elección incluye esta decisión interna. Para decidir, debo revisar también internamente cuál es la opción que me eleva y cuál me contrae. Más allá de las especulaciones externas, reviso las sensaciones internas, los mensajes del alma. Y encontraré que una se siente más suave, libre y abierta que la otra. Si la elección la hago cuidando los pedidos del alma, estoy tomando una decisión responsable en su nivel más profundo. Y las consecuencias serán, en consecuencia, abundantes.

Una vez decidamos con conciencia, no siempre tendremos a la personalidad de nuestro lado para sostenerla. Los viejos hábitos, que incluyen estructuras de pensamientos y emociones adictivas, entrarán en caos ante esta nueva decisión. Debemos estar claros y conscientes de esto para que no caigamos en la tentación de la duda y el autoboicot. Así también entenderemos que estamos atravesando un proceso de adaptación, donde nuestro cuerpo mental y emocional demanda lo que ya no le podemos dar. Con voluntad y enfoque, manteniendo la intención puesta en la nueva decisión, nos será más fácil esta transición.

Las decisiones conscientes incluyen revisar internamente las fuerza que nos impulsan a decidir. La claridad interna despeja las dudas externas.

Las decisiones son las tijeras con que vamos cortando la energía que queremos sostener y la que dejaremos pasar.

Las decisiones conscientes incluyen revisar internamente las fuerzas que nos impulsan a decidir. La claridad interna despeja las dudas externas.

Para alinearnos con el propósito del alma, *¿Cuál sería la mejor decisión, la más responsable, la que nos llevará en un fluir más fácil?* Aquella que nos traiga paz.

28 La tentación de salirnos del camino del alma es una realidad para el mundo de la personalidad. Aquello que nos tienta, nos está dando la posibilidad de un aprendizaje acelerado y efectivo. Cuando me tiento a mentir, por ejemplo, pero veo las posibilidades de esconder la verdad y la de decirla, la vida me está mostrando lo que más adelante puede representarme una dificultad, tanto para mí como para otros.

Si ante la tentación tomo conciencia de lo que está realmente ocurriendo, que se me está dando la posibilidad de experimentar previamente lo que luego podría ser un problema mayor, no sólo podré responder más rápidamente y asertivamente ante la tentación, sino que también me permitirá entender qué está pasando en el otro cuando esté viviendo algo parecido, llevando a ser mas compasivo.

La tentación, de esta manera, se transforma en una bendición.

La tentación es una posibilidad para ahorrarme tiempo y dolor, optando anticipadamente por lo que me mantendrá en el camino que elegí llevar.

La tentación de salirnos del camino del alma es una realidad para el mundo de la personalidad. **Aquello que nos tienta, nos está dando la posibilidad de un aprendizaje acelerado y efectivo.**
La tentación es una posibilidad para ahorrarnos tiempo y dolor, optando anticipadamente por lo que nos mantendrá en el camino que elegimos llevar.

¿Le temo a las tentaciones o reconozco en ellas una manera de identificar mis aprendizajes?

29 Cuando tenemos la intención de sanar una parte oscura de nuestra personalidad, la vida nos facilita las condiciones. Si queremos limpiar nuestra falta de merecimiento, atraeremos a personas que nos invalidarán, situaciones donde erraremos y tendremos pérdidas sin mucho sentido. De esta manera, podremos verlo para finalmente decidirnos por una mejor idea de nosotros mismos. Y si para sanar esa idea tenemos que ver nuestra necesidad de ser aprobados, porque ésta nos llevó a la creencia de no merecer lo bueno de la vida, atraeremos las condiciones para tener desaprobación alrededor.

Cuando tenemos la intención de sanar, todo conspira para que esto ocurra. Pero como solamente nosotros podemos lograrlo, la vida nos facilita el proceso ayudándonos a que nos demos cuenta dónde estaban las manchas del miedo.

Escucho muchas veces a personas que me preguntan ¿por qué me está pasando esto? Y les recuerdo que si han pedido liberarse, evolucionar o algo diferente en sus vidas, la energía se encarga de ayudarnos a hacer la limpieza que necesitamos para llegar a ese estado de conciencia. Para sostener pensamientos y emociones diferentes, es necesario adaptar la personalidad a esa nueva energía. Y la intención de lograrlo va removiendo lo que necesita ser limpiado.

Y esto también nos ayuda a entender que nada de lo que está sucediendo a nuestro alrededor es casual o producto de un destino ajeno a nosotros. La pregunta liberadora sigue siendo ¿qué quiero hacer con esto?. Cuestionarme

¿por qué esta experiencia está ocurriendo?. Para que podamos darnos cuenta y decidir algo diferente.

Cuando tenemos la intención de sanar, todo conspira para que esto ocurra. Me preguntan ¿por qué me está pasando esto? Y les recuerdo que si han pedido liberarse, evolucionar o algo diferente en sus vidas, la energía se encargará de ayudarnos a hacer la limpieza que necesitamos para llegar a ese estado de conciencia.

Cuando tenemos la intención de sanar, todo conspira para que esto ocurra.
Como solamente nosotros podemos lograrlo, la vida nos facilita el proceso ayudándonos a que nos demos cuenta dónde estaban las manchas del miedo.
Y si hemos pedido liberarnos, evolucionar, o crear algo diferente en nuestras vidas, la energía se encargará de ayudarnos a hacer la limpieza que necesitamos para llegar a ese estado de conciencia.
La pregunta liberadora sigue siendo *¿Que quiero hacer con esto?* Cuestionarme *¿Por qué estoy viviendo esta experiencia? ¿Para qué me está pasando esto?*

30

El karma representa el aprendizaje pendiente. Pero que esté pendiente no tiene porque catalogarse como terrible. Todos nos demoramos en algún punto. La velocidad de la evolución no es necesariamente rápida, especialmente en dimensiones como éstas, donde tenemos que lidiar con energías como el miedo. Convivimos con energías densas de remover que requieren estrategias, intención clara, voluntad y acción continua, hasta que logramos transformarlas. Estos pendientes reaparecen para que tengamos oportunidad de verlos una vez más y revisar si esta vez tomamos conciencia de que esa piedra esta allí y del peso que implica sostenerla.

No es tan importante saber de dónde viene lo que estamos viviendo, como tener claridad en lo que queremos hacer con ello. Enterarme que el hígado me duele por haber comido exceso de grasas, no me sana. La curación ocurre cuando dejo de comer alimentos grasos. Esa corrección, que ocurre en el presente, tiene el impacto de remover karma, o energía acumulada, que no hemos sabido resolver en otro momento. El karma determina, de alguna manera, nuestra personalidad. Tengo el formato humano que es producto de lo vivido y que, además, me permitirá revisar lo que deba resolver. Si tengo ira, no sólo respondo a lo vivido en el pasado, sino que necesito tener mal carácter para poder experimentarla. No podría ver la ira si soy amable. Quizás la pueda esconder, pero formará parte de mi personalidad hasta que la vea y resuelva qué hacer con ella.

De esa personalidad surgen mis intenciones. Y esas intenciones crean las experiencias que vivo. Por lo tanto, si hasta allí no elijo una nueva actitud, el karma sigue alimentándose.

Por eso, lo que haga en el presente es la clave para evolucionar. ¿Qué quiero hacer con esto que me está pasando? es la pregunta que me llevará a evolucionar.

Si lo que hago me acerca al amor, el alma seguirá guiándome a nuevas posibilidades y mi karma quedará aprendido. Si respondo con miedo, desde mi oscuridad, con mi personalidad, ya sabemos lo que sucederá.

¿Qué quiero hacer con esto que me está pasando? es la pregunta que me llevará a evolucionar.

El karma representa el aprendizaje pendiente. Pero que esté pendiente no tiene por qué ser terrible.
Toda corrección que ocurra en el presente tiene el impacto de remover karma, o energía acumulada, que no hemos sabido resolver en otro momento.
El karma determina, de alguna manera, nuestra personalidad.
Si lo que hago me acerca al amor, el alma seguirá guiándome a nuevas posibilidades y el karma quedará cerrado. Si respondo con miedo, desde mi oscuridad, con mi personalidad, ya sabemos lo que sucederá. Por eso, lo que haga en el presente es la clave para evolucionar. *¿Qué quiero hacer con esto que me está pasando?* es la pregunta que me llevará a evolucionar.

31

Cuando queremos una repuesta, la que sea, busquemos dentro de nosotros. El alma no solo sabe más de nosotros, sino que su discernimiento es más amoroso que el más amoroso que tenga nuestra personalidad.
Si hacemos silencio y nos quedamos por un momento en ese silencio, la respuesta no tarda en aparecer.

Puede ser la respuesta a una pregunta concreta o puede que deseemos encontrar calma ante una noticia inesperada, que nos angustia. La respuesta aparecerá, la calma llegará.

En ese espacio de silencio vamos más allá de nuestra mente. Llegamos al alma. Y el alma nos guía sutilmente.

No hay mucho que hacer, sino entregarse y dejarse llevar.

Si permanecemos en silencio, el alma responderá todas nuestras necesidades.

Cuando queremos una repuesta, la que sea, busquemos dentro de nosotros. El alma no solo sabe más de nosotros, sino que su discernimiento es más amoroso que el más amoroso que pueda tener nuestra personalidad.

Si hacemos silencio y nos quedamos por momento en él, la respuesta no tardará en aparecer.

Si permanecemos en silencio, el alma responderá todas nuestras necesidades.

Cuándo hago silencio ¿me escucho?

32 La nueva visión sobre nosotros mismos nos ha permitido cambiar las viejas ideas que teníamos a cerca de nuestro cuerpo, que aparentaba estar desconectado del resto de la energía que también somos, de los pensamientos, las emociones y nuestro espíritu.

Hoy es natural que hablemos de las consecuencias físicas del enojo, de la sanación que ocurrió en el cuerpo al haber perdonado o de sentirnos aliviados físicamente luego de tomar una decisión importante.

Somos energía y el cuerpo físico es lo que nos resulta más fácil de percibir porque aún damos veracidad a aquello que nuestros cinco sentidos pueden experimentar. Pero cuando percibimos que el cuerpo no sólo está conectado a nuestros pensamientos y emociones, sino que las incluye, llegamos a percibirlo como una pantalla visible de todo lo que se mueve en el espacio que no es visible. Lo que sentimos y pensamos, tarde o temprano, lo experimentaremos en el cuerpo.

En ese contexto, la enfermedad se transforma en un regalo. Sí, que mejor que alguien nos avise cuando las cosas no están funcionando bien. Si no tuviera el acceso a mi cuenta de banco para mirar mis estados de cuenta, me sería más difícil saber cuánto hay, cuánto no y dónde van a parar mis fondos. Por eso, cuando mi cuerpo manifiesta algún tipo de enfermedad, me está mostrando que algo no está bien y que es hora de que me entere. Me revela lo que por otros medios me resultaría más difícil darme cuenta.

La comezón, por ejemplo, me avisa cuando estoy preocupado, impaciente o exasperado, el catarro cuando me siento que tengo más cosas que hacer de las que podría o cuando quiero estar pendiente de todos los detalles y el miedo le gana espacio a la confianza, o la migraña cuando me siento presionado a encajar en la manera de pensar o hacer de otro, desconectándome de mis propios deseos.

Al principio, quizás lo hace con un simple malestar. Luego, con algo más complicado. Pero insiste hasta que atiendo allí donde tengo que atender. El cuerpo no tiene sentido del humor y me muestra lo que hay, tal como es. Quizás esto no implica que la totalidad de las enfermedades tengan su razón metafísica. Quizás existan otros factores que hayan provocado el malestar en el cuerpo. Pero entre esos factores, siempre está incluido el metafísico. Es decir, habrá alguna razón no física que está determinando ese malestar físico.

La sanación se nos facilitará cuando tengamos en cuenta que en la raíz hay razones que no habíamos contemplado y debemos atender. En mi experiencia conmigo mismo o con personas que experimentan algún malestar físico, veo que es común la falta de amor. Y no es que no hayamos sido queridos. Pero muchas veces no nos hemos concedido el derecho a vivir como lo sentimos, sino que hemos tratado de vivir desde nuestra personalidad en ego. Vestidos de buenos o de malos, pero sosteniendo una ilusión que en algún momento debemos revisar.

Esta teoría se vuelve una experiencia real cuando el cuerpo comienza a sanar a medida que nos vamos permitiendo vivir con aceptación. En la medida que nos permitimos vivir como lo sentimos y permitiendo que los demás lo hagan.

El perdón, que implica liberarse de las cargas que uno mismo se puso o que tratamos de ponerles a otros pero que las llevamos nosotros, es la forma de liberar la energía negativa que el cuerpo físico ya no quiere sostener.

Revisemos qué estamos dando a cambio, a qué hemos tenido que renunciar a cambio de sostener estos pensamientos. Y, por último, tomemos conciencia qué querríamos hacer y qué no podemos hacer cuando estamos enfermos. Y, poco a poco, comenzar a hacerlo. Al menos a considerarlo, planearlo o imaginarlo. Pero movámonos de la negatividad de alguna manera.

Pidamos ayuda, recurramos a un especialista, hagamos lo que sabemos que tenemos que hacer. Si queremos que el camino sea más fácil, ocupémonos de resolver lo que internamente está pendiente y la realidad física nos mostrará esa transformación.

Somos energía y el cuerpo físico es lo que nos resulta más fácil para percibirla. En ese sentido, la enfermedad se transforma en un regalo. Y el perdón es la salida para liberar la energía negativa que el cuerpo físico ya no quiere sostener.

La nueva visión sobre nosotros mismos nos ha permitido cambiar las viejas ideas que teníamos a cerca de nuestro cuerpo, que aparentaba estar desconectado del resto de la energía que también somos, de los pensamientos, las emociones y nuestro espíritu.

Por eso, **cuando mi cuerpo manifiesta algún tipo de enfermedad, me está mostrando que algo no está bien y que es hora que me entere.**

Somos energía y el cuerpo físico es lo que nos resulta más fácil para percibirla. En ese sentido, la enfermedad se transforma en un regalo. Y el perdón en la salida para liberar la energía negativa que el cuerpo físico ya no quiere sostener.

Si estoy enfermo ¿Qué necesita atención en mi vida? ¿Hay alguien a quien deba perdonar? ¿Estoy en paz conmigo mismo?

33 Muchas de las frustraciones que tenemos en el día a día nacen de nuestra imposibilidad de relacionarnos amorosamente con otros porque no entendemos realmente el porqué la vida nos ha acercado a ellos. Pero otra fuente de frustración cotidiana es el trabajo. Aquello que hacemos nos quita energía aun cuando nos genere suficiente dinero para vivir. Cuando esto nos pasa soñamos con un nuevo trabajo, en otro lugar, con otra gente, haciendo otra cosa. Pero quizás la vida misma se encargue de abrirnos oportunidades cuando nosotros nos alineamos con un mejor propósito. La intención, definida por lo que pensamos y sentimos, no puede llevarnos a nada nuevo si nos estamos frustrando por lo que hay. Incluso cuando tenemos en mente movernos, la densidad de nuestras emociones lo bloquea todo. Es ese momento, lo que necesitamos es cambiar la intención para que una nueva experiencia se manifieste. Y una buena manera de lograrlo es enfocándonos en el servicio.

El servicio nos conecta con nuestra mejor energía y nos abre amorosamente al mundo. El hecho de poder hacer algo por alguien nos obliga a salirnos de nuestra propia historia personal, de las quejas y los lamentos.

En mi vida de trabajo he tenido tareas tan disímiles como vender hamburguesas, repartir pizzas, trabajar en radio y escribir para periódicos y revistas. Pasando por ofrecer seminarios, haber vendido zapatos o administrar una tienda. No todos se parecían a lo que me imaginaba hacer por mi profesión, no siempre estaba cómodo y muchas veces me hubiera dejado consumir por la frustración de sentirme insuficiente. Pero algo ocurrió que me permitió sobrevivir a todos los miedos, enojos y decepciones. Recuerdo que cuando en lugar de criticarme por las interminables horas de pie vendiendo zapatos, ponía mi atención en cada cliente que se acercaba y trataba que esos minutos fueran todo para él. Que la persona que tenía frente quisiera un par de zapatos y yo estuviera allí para vendérselo pasaba a ser una oportunidad para ofrecer lo mejor de mí y ofrecérselo a esa persona. Pasaba de contarme una historia de sacrificio a otra de servicio. Y esta última siempre se sentía mejor. El cliente se sentía valioso, atendido y hasta comprendido. Con este trabajo aprendí que no siempre necesitamos lo que vamos a comprar, sino que ésa es una buena excusa para ser escuchados y conectar con otra persona.

Por lo tanto, no nos compliquemos en tratar de cambiarlo todo cuando un trabajo se vuelve insostenible. Lo que no podemos sostener es la energía que estamos manejando, y si la transformamos, sin tener que escapar de donde estamos, esa sensación no tardará en desaparecer y, eventualmente, nos mostrará escenarios más cómodos donde poder hacer lo que nos gusta.

Siempre que mantengamos la intención de servir, por ser ésta una energía amorosa y muy valiosa para todos, los trabajos se nos volverán más fáciles y prósperos.

Cuando estemos incómodos en un lugar, no escapemos. Movámonos de las historias de la queja y el enojo a una de servicio. Con energía mas amorosa, los cambios ocurrirán naturalmente.

El servicio nos conecta con nuestra mejor energía y nos abre amorosamente al mundo. Siempre que mantengamos la intención de servir, por ser ésta una energía amorosa y muy valiosa para todos, los trabajos se nos volverán más fáciles y abundantes.
Cuando estemos incómodos en un lugar, no escapemos. Movámonos

de las historias de la queja y el enojo a una de servicio. Con energía más amorosa, los cambios ocurrirán naturalmente.

¿Es mi intención servir a través de lo que hago?

34

El servicio también es una manera de manifestar lo que soñamos de manera natural. Aquello que pensamos y sentimos es lo que, eventualmente, ocurrirá. No podemos determinar el tiempo que ese proceso toma, pero si su intencionalidad. No hay nada que no esté ocurriendo en nuestra experiencia, en este momento, que no haya sido alimentado por pensamientos y emociones durante un tiempo suficiente para que haya cobrado realidad.

Por lo tanto, cuando servimos a otros en hacer aquello que nosotros quisiéramos manifestar, estamos direccionando la energía para crearlo de manera contundente.

Por ejemplo, si deseo crear una empresa, en el proceso asistiré a otros que estén con el mismo proyecto. Esto no implica dirigir o inmiscuirse en los negocios de otros, pero si dedicar tiempo y conocimiento para que quienes reciben nuestro servicio puedan sentirse apoyados. Si deseo que mi empresa prospere, apoyaré para que también prosperé la de los demás.

El servicio nos saca del miedo de la competencia, de la inseguridad de que alguien pueda ocupar nuestro lugar o de sentirnos más importantes o necesarios que otros. Historias que, en definitiva, nos alejan del éxito. Y nos alinean en la energía de los pensamientos y emociones que fortalecerán el proceso para lograrlo.

Cuando estoy sirviendo, dejo afuera toda posibilidad de que se cuelen ideas negativas. Por lo tanto, la abundancia siempre estará presente.

El servicio también es una manera de manifestar lo que soñamos de manera natural. Por lo tanto, cuando servimos a otros en hacer aquello que nosotros quisiéramos manifestar, estamos direccionando la energía para crearlo de manera contundente.

Cuando estoy sirviendo, dejo afuera toda posibilidad de que se cuelen ideas negativas. Por lo tanto, la abundancia siempre estará presente.

¿Veo en los otros una posibilidad de servicio o competencia?

35 Los obstáculos para desplegar nuestra grandeza no están sostenidos en lo que nos sucede, sino en las historias que nos contamos con eso que nos pasa. Historias por la edad que tenemos, muy jóvenes o pasados de la edad, del dinero que tenemos, de la apariencia física, del lugar donde vivimos...y todo lo que cada uno podría enumerar de acuerdo a lo aprendido.

Superar un obstáculo, entonces, no implica mayor esfuerzo en mover esa enorme piedra que parece que tenemos cruzada en el camino. Esa piedra no es más que otro fantasma que se sostiene en las historias de miedo que nos seguimos contando.

Por lo tanto, debemos contarnos una mejor historia para evitar que ese miedo nos paralice.

En mis metas laborales, muchas veces la edad suele ser un pretexto para actuar desde mi potencial y reducirme a las ideas de mis creencias. Tenía 33 años cuando decidí darle un giro a mi profesión y dedicarme a comunicar estas ideas de superación personal y espiritualidad. El primer obstáculo apareció cuando me escuché decir "es muy tarde. Debería haber comenzado antes, a los 20 años, cuando todos definen lo que quieren hacer profesionalmente". Aunque racionalmente no estaba de acuerdo con esa creencia, internamente tenia peso y me limitaba. Pero cuando la pensaba o la compartía, sentía malestar. Primer indicio de que estaba sosteniendo una mentira. No la resistí ni traté de convencerme de nada diferente. Simplemente, me pregunté: "¿qué estaría haciendo si tuviera 20 años?" y enumeré todo en una lista que fui cumpliendo paso a paso para lograr la meta. Porque no era la edad, ni una situación externa lo que me limitaba, sino la historia que me estaba contando.

Los obstáculos que se nos presentan no están sostenidos en la realidad, sino en las historias que nos contamos. Cambiemos la historia y tomemos acción. Los miedos no se resisten ante tanta luz.

Los obstáculos para desplegar nuestra grandeza no están sostenidos en lo que nos sucede, sin es las historias que nos contamos con eso que nos pasa.
Cambiemos la historia y tomemos acción. Los miedos no se resisten ante tanta luz.

Preguntémonos ¿Qué estaría haciendo si...(esta historia no fuera asi)? ¡Y hagamos eso!

36

Respiro. Respira. Respiremos...

Está en la palabra que se repite en mi vocabulario a menudo. No he encontrado, hasta ahora, otra manera de aliviar rápidamente nuestra negatividad sino a través de la respiración consciente.

El respirar conscientemente implica mucho más que un intercambio de aire con el ambiente. El aire mueve energía. Y eso es lo que necesitamos cuando estamos atrapados en un pensamiento o una emoción densa.

Tomarnos unos segundos para respirar profundo, llevando la intención a soltar, remover, dejar ir, devolver o simplemente deshacernos de esa energía. Eso es todo.

Tomarnos ese instante para volver a nuestro interior, identificar lo que queremos dejar ir, ya sea una emoción o un pensamiento negativo, y poner nuestra intención en dejarlo salir de nuestro cuerpo.

¿Así de fácil? Es la pregunta que sigue a cada explicación que hago sobre la respiración. Así de simple, les digo.

La respiración es una de las funciones del cuerpo que no tuvimos que aprender o descubrir. Siempre la estuvimos usando. Fue lo primero que hicimos al llegar a este cuerpo y lo último que haremos al dejarlo. Podemos hacerlo más consciente, eso sí. Y quizás un poquito más profundo cuando necesitamos remover energía, así como ponemos más fuerza y concentración al tener que mover un mueble que pesa. Pero dejemos que la respiración misma nos guíe. Que la inteligencia que mueve todo, también obre en ese momento.

Nosotros hagamos nuestra parte: tomarnos un momento, determinando qué elegimos dejar ir y pongamos la intención en eso.

Y respiremos. *Un poquito más profundo, un poquito más consciente.*

Respiro. Respira. Respiremos...
Tomarse unos segundos para respirar profundo, llevando la intención a soltar, remover, dejar ir, devolver o simplemente deshacernos de esa energía. Eso es todo.
Pero dejemos que la respiración misma nos guie. Que la inteligencia que mueve todo, también obre en ese momento.
Nosotros hagamos nuestra parte: tomarnos un momento, determinando que elegimos dejar ir y pongamos la intención en eso.
Respiremos. Un poquito más profundo, un poquito más consciente.
¿Uso la respiración consiente como una manera de salirme de la negatividad en mi día a día?

37 Hasta aquí les compartí algunas ideas que han permitido que mi vida sea más simple, más fácil y más abundante. Pero cada uno también es un maestro. Todos podemos enseñar y aprender. Por eso, en las próximas páginas, te invito a que compartas de qué manera tu vida va siendo más fácil, cómo vives tu espiritualidad y qué tienes para contarle a los demás.
Una vez que esté completa, regálale este libro a otra persona. A alguien que conozcas, a alguien que creas que lo

valorará o dónalo a una biblioteca, donde sean muchos quienes puedan llenarse de tu sabiduría.

Este es el último capítulo de este libro, pero uno más de todos los que escribiremos a medida que nos "demos cuenta" de nuestra naturaleza espiritual.

Mis Notas para compartir...

Para saber mas del autor
visite su pagina **www.juliobevione.com**

Made in the USA
Charleston, SC
25 August 2016